인생이 즐거워지고 비즈니스가
SNS소통연구소 교육 소개

▶ SNS소통연구소는 2010년 3월부터 뉴미디어 마케팅 교육(스마트폰, SNS 마케팅, 유튜브 크리에이터, 프리젠테이션, 컴퓨터 활용 등)을 진행해오고 있으며 3,700여 명의 스마트폰 활용지도사를 양성해오고 있으며 전국 77개의 지부 및 지국을 운영해오고 있습니다.

▶ **교육 문의** : 02-747-3265 / 010-9967-6654
▶ **이메일** : snsforyou@gmail.com

- 현재 전국에 수백 명의 스마트폰 활용지도사 자격증을 취득한 뉴미디어 마케팅 전문강사들이 강사로 활동 중에 있습니다.

▶ 스마트폰 활용지도사 2급 및 1급 자격증

- 스마트폰 기본 활용부터 스마트폰 UCC, 스마트폰 카메라, 스마트워크, 스마트폰 마케팅 교육 등 스마트폰 전문강사를 양성하고 있습니다.

▶ 유튜브 크리에이터 전문지도사 2급 및 1급 자격증

- 유튜브 기본 활용부터 실전 유튜브 마케팅까지 실질적으로 도움이 되고 돈이 되는 교육을 실시하고 있습니다.

▶ SNS마케팅 전문지도사 2급 및 1급 자격증

- 다양한 SNS채널을 활용해서 고객을 유혹하고 매출을 증대시킬 수 있는 실전 노하우와 SNS마케팅 효과를 극대화하기 위한 광고 전략 교육을 하고 있습니다.

▶ 프리젠테이션 전문지도사 2급 및 1급 자격증

- 기업체에서 발표자료를 만들거나 제안서를 만들 때 꼭 알고 활용해야 할 프리젠테이션 제작 노하우를 중점적으로 교육하고 있습니다.

▶ 스마트워크 전문지도사 2급 및 1급 자격증

- 스마트폰 및 SNS을 활용해서 실전에 꼭 필요한 기능과 업무효율을 높일 수 있는 노하우에 대해서 교육을 진행하고 있습니다.

▶ 디지털문해교육 전문지도사 2급 및 1급 자격증

- 디지털문해교육 전문지도사가 초등학교부터 대기업 임원을 포함한 퇴직 예정자들까지 디지털 기술 활용에 대한 교육을 진행할 수 있도록 교육을 진행하고자 합니다.

책을 내면서...

코로나로 인해 언택트 시대를 겪으면서 많은 변화가 일어나고 있습니다. 이전에는 시니어 실버들의 경우 온라인에서 무언가를 구매하고 소통한다는 것이 어렵고 낯설기만 한 세상이었지만 지금은 본인의 의사와 상관없이 변화에 적응해야 하는 시기가 왔습니다.

본인들이 생각을 바꾸지 않고 변화의 물결 속에서 노력하지 않으면 변화에 마주친 본인들만 힘들고 어려워질 것입니다. 이러한 점을 인지하고 있다면 보다 나은 삶을 위해 점진적으로 변화하셔야 합니다.

이러한 이유로 비즈니스를 하는 사람들은 당연히 고객층의 변화에 관심을 두고 소통하는 온라인 세상, 특히나 SNS 세상을 이해하고 자신의 사업 아이템과 접목해야 할 것입니다.

왜 SNS 채널을 이해하고 배우고 익혀서 업무에 활용해야 할까요?

그 답은 간단합니다.

세상에서 제일 힘든 일 중의 하나가 남의 주머니에서 돈을 꺼내는 일이라고 합니다. 주머니에서 돈을 꺼낼 고객들은 자신이 원하는 서비스나 제품을 구매하고자 할 때 정보를 어디에서 찾을까요?

그렇습니다. 스마트폰을 들고 네이버나 유튜브 등 SNS 채널에서 정보를 찾고 있습니다.

하지만, 정작 고객을 확보하고 매출을 증대시켜야 하는 사업자들은 과거 옛날 방식으로만 비즈니스를 운영하다 보니 그전보다 마케팅이 더 힘들고 어려워지는 것입니다.

스마트폰이나 SNS 마케팅을 제대로 배워서 적용해야 한다는 것은 비즈니스를 하는 분들이라면 모두가 인지하고는 있는데 정작 시간이 없어서 못 한다고 하시는 분들이 많습니다.

그건 핑계에 불과하다고 생각합니다. 진정으로 절박하지 않기 때문에 그렇습니다. 시간이 없는 게 아니라 불필요한 시간을 자신의 생활에서 제거하는 노력을 하고 최대한 시간을 만들어서 먼저 SNS 마케팅을 제대로 배우고, 익혀야 할 것입니다.

사업을 하면서 시간을 별도로 내어서 SNS 채널을 운영한다는 것이 쉽지는 않습니다. 하지만, 고객을 확보하고 자신의 콘텐츠를 빨리 홍보해야 하는 입장이라면 가장 먼저 스마트폰과 SNS 채널 운영 활용에 대해서 배우고 익힐 필요가 있습니다.

처음에 제대로 배워놓으면 혼자서도 얼마든지 포털사이트나 유튜브 등에 올라와 있는 강좌들을 보면서 운영할 수 있으며, 외부 업체에 SNS 마케팅 대행을 맡기더라도 금전적으로나 시간상으로 손해 보는 일은 확연히 줄어들 것입니다..

SNS는 단순히 유희의 도구가 아니라 비즈니스(Business) 하는 사람들이 필수적으로 활용해야 할 마케팅 도구입니다.

★ 스마트폰 활용지도사 자격증에 대해서 아시나요?

(과학기술정보통신부가 검증하고 한국직업능력개발원이 관리하는 스마트폰 자격증 취득에 관심 있으신 분들은 살펴보세요.)

★ 상담 문의

이종구 010-9967-6654
E-mail : snsforyou@gmail.com
카톡 ID : snsforyou

★ 스마트폰 활용지도사 1급

- 해당 등급의 직무내용

초/중/고/대학생 및 성인 남녀노소 누구에게나 스마트폰 활용교육 및 SNS 기본 교육을 실시할 수 있습니다. 개인 및 소기업이 브랜딩 전략을 구축하는 데 있어 저렴한 비용을 들여 브랜딩 및 모바일 마케팅 전략을 구축할 수 있도록 필요한 교육을 할 수 있습니다.

★ 스마트폰 활용지도사 2급

- 해당 등급의 직무내용

시니어 실버분들에게 스마트는 활용교육을 실시할 수 있습니다. 개인 및 소기업이 모바일 마케팅 전략을 구축하는데 있어 기본적인 교육을 할 수 있습니다. 1인 기업 및 소기업이 스마트워크 시스템을 구축하는데 제반 사항을 교육할 수 있습니다.

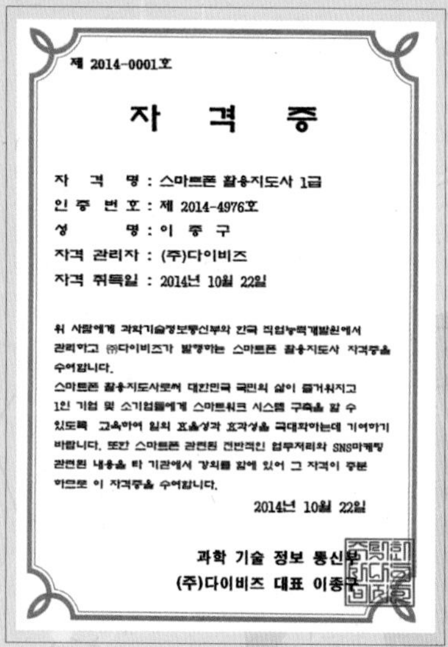
제 2014-0001호

자 격 증

자 격 명 : 스마트폰 활용지도사 1급
인 증 번 호 : 제 2014-4976호
성 명 : 이 종 구
자격 관리자 : (주)다이비즈
자격 취득일 : 2014년 10월 22일

위 사람에게 과학기술정보통신부와 한국 직업능력개발원에서 관리하고 ㈜다이비즈가 발행하는 스마트폰 활용지도사 자격증을 수여합니다.
스마트폰 활용지도사로써 대한민국 국민의 삶이 즐거워지고 1인 기업 및 소기업들에게 스마트워크 시스템 구축을 할 수 있도록 교육하여 일의 효율성과 효과성을 극대화하는데 기여하기 바랍니다. 또한 스마트폰 관련된 전반적인 업무처리와 SNS마케팅 관련된 내용을 타 기관에서 강의를 함에 있어 그 자격이 충분하므로 이 자격증을 수여합니다.

2014년 10월 22일

과학 기술 정보 통신부
(주)다이비즈 대표 이종구

★ 시험 일시 : 매월 둘째 주, 넷째 주 일요일 5시부터 6시까지 1시간
★ 시험 과목 : 2급 - 스마트폰 활용 분야 / 1급 - 스마트폰 SNS마케팅
★ 합격점수 : 1급 - 80점 이상(총 50문제 각 2점씩 100점 만점에 80점 이상 주관식 10문제 포함)
2급 - 80점 이상(총 50문제 각 2점씩 100점 만점에 80점 이상)

★ 시험대비 공부방법

1. 스마트폰 활용지도사 2급 교재 구입 후 공부하기
2. 정규수업 참여해서 공부하기
3. 유튜브에서 [스마트폰 활용지도사] 채널 검색 후 관련 영상 시청하기

★ 시험대비 교육일정

1. 매월 정규 교육을 SNS소통연구소 전국 지부에서 실시하고 있습니다.
2. 스마트폰 활용지도사 SNS소통연구소 블로그 (blog.naver.com/urisesang71) 참고하기
3. 소통대학교 사이트 참조 (www.snswork.com)
4. NAVER 검색창에 (SNS소통연구소)라고 검색하세요!

★ 시험 응시료 : 3만원
★ 자격증 발급비 : 7만원

1. 일반 플라스틱 자격증.
2. 종이 자격증 및 우단 케이스 제공.
3. 스마트폰 활용지도사 강의자료 제공비 포함.

★ 스마트폰 활용지도사 자격증 취득 시 혜택

1. SNS 상생평생교육원 스마트폰 활용 교육 강사 위촉
2. SNS소통연구소 스마트폰 활용 교육 강사 위촉
3. 스마트 소통 봉사단에서 교육받을 수 있는 자격부여
4. SNS 및 스마트폰 관련 자료 공유
5. 매월 1회 세미나 참여 (정보공유가 목적)
6. 향후 일정 수준이 도달하면 기업제 및 단체 출강 가능
7. 그 외 다양한 혜택 수여

01 SNS소통연구소 자격증 교육 교재 리스트

디지털 교육 강사들의 필수 지침서
(스마트폰 활용지도사 2급 교재)

SNS마케팅 교육 전문가 양성 과정 책
(SNS마케팅전문지도사 교재)

UCC제작과 유튜브크리에이터
양성을 위한 책
(유튜브크리에이터전문지도사 교재)

스마트한 강사를 위한 길라잡이
(프리젠테이션전문지도사,
컴퓨터활용전문지도사 교재)

02 | 어르신들을 위한 스마트폰 교육 교재 리스트 (전국 각 기관에서 가장 많이 교재로 선정된 책)

어르신들을 위한 스마트폰 기초 교실
(스마트폰 기초부터 기본 UCC 활용 책)

어르신들을 위한 스마트폰 중급 교실
(스마트폰 이미지 합성,
카드뉴스, 보정 앱 활용 책)

어르신들을 위한 스마트폰 고급 교실
(스마트폰 번역, 쇼핑몰 구매,
교통, 스마트워크 활용 책)

어르신들을 위한 스마트폰 활용 백서
(스마트폰 기본 활용부터 카메라, UCC,
키오스크 등 스마트폰 기본 교재로 가장 많이 찾는 책)

03 SNS소통연구소 주요 사업 콘텐츠

SNS소통연구소 지부 및 지국 활성화

2010년 3월부터 교육을 시작한 SNS소통연구소는
현재 전국에 77개의 지부 및 지국을 운영 중

스마트폰 활용지도사 (국내 최초! 국내 최고!)

2014년 10월 스마트폰 활용지도사 민간 자격증 취득
2급과 1급 과정을 운영 중이며 현재 3,700여 명 이상 지도사 양성

실전에 필요한 전문 교육 (다양한 분야 실전 교육 중심)

일반 강사들에게도 꼭 필요한 전문 교육을 실시함
(SNS마케팅, 스마트워크, 프리젠테이션, 컴퓨터 활용 등)

SNS소통연구소 출판사

2011년 11월부터 SNS소통연구소 출판사 운영
스마트폰 활용 및 SNS마케팅 관련된 책 45권 출판
강사들에게 필요한 다양한 분야의 책을 출간 진행 중

◆ 뉴미디어 마케팅 교육 문의
(스마트폰 활용, SNS마케팅, 유튜브크리에이터, 프리젠테이션, 컴퓨터 활용 등)

▶ SNS소통연구소 직통전화 : 010-9967-6654

▶ 소통대학교 직통전화 : 02-747-3265

04 | 지역사회 발전을 위해 사회복지사처럼 스마트폰 활용지도사가 필요합니다!

▶ 사회복지사란? 청소년, 노인, 가족, 여성, 장애인 등 사회적 약자에 대한 복지 정책 및 공공 복지 서비스가 증대함에 따라 사회적인 문제로 어려움을 겪는 이들을 돕는 직업

▶ 스마트폰 활용지도사란? 개인이 즐거운 인생을 살아가는 데 도움을 드리고 소상공인들에게 풍요로운 비즈니스를 할 수 있도록 도움을 드리는 직업

스마트폰 활용지도사가 디지털 문맹 퇴치 운동에 앞장서고 즐거운 대한민국을 만들어가는데 초석이 되었으면 합니다.

SNS소통연구소 전국 지부 봉사단 현황

서울/경기북부	울산지부	부산지부
스마트 소통 봉사단	**스폰지**	**모바일**
2018년 6월부터 매주 수요일 오후 2시부터 5시까지 스마트폰 활용지도사들이 소통대학교에 모여서 강사 트레이닝을 목적으로 운영되고 있음 (기관 및 단체 재능기부 교육도 진행)	매월 정기모임을 통해서 스마트폰 활용지도사의 역량개발과 지역주민들을 위해 스마트폰 활용 교육 봉사활동 진행	모든 것이 바라는 대로 이루어집니다! 매월 정기모임을 통해서 스마트폰 활용지도사의 역량개발과 지역주민들을 위해 스마트폰 활용 교육 봉사활동 진행
제주지부	경기남부	경북지부
제스봉	**경기남부지부 스마트 봉사단**	**스소사**
제주도 스마트폰 봉사단 매월 정기모임을 통해서 스마트폰 활용지도사의 역량개발과 지역주민들을 위해 스마트폰 활용 교육 봉사활동 진행	매월 정기모임을 통해서 스마트폰 활용지도사의 역량개발과 지역주민들을 위해 스마트폰 활용 교육 봉사활동 진행	'스마트하게 소통하는 사람들' 경북지부 스마트폰 봉사단 매월 정기모임을 통해서 스마트폰 활용지도사의 역량개발과 지역주민들을 위해 스마트폰 활용 교육 봉사활동 진행
전라남도	경기북부	경기동부
SNS소통연구소 전남스마트봉사단	**펀펀 스마트 봉사단**	**스마트 119 봉사단**
매월 정기모임을 통해서 스마트폰 활용지도사의 역량개발과 지역주민들을 위해 스마트폰 활용 교육 봉사활동 진행	'배우면 즐거워져요~' 경기 북부 스마트폰 봉사단 매월 정기모임을 통해서 스마트폰 활용지도사의 역량개발과 지역주민들을 위해 스마트폰 활용 교육 봉사활동 진행	'스마트한 사람들이 모여 지역주민들의 스마트한 인생을 도와드리는 봉사단' 매월 정기모임을 통해서 스마트폰 활용지도사의 역량개발과 지역주민들을 위해 스마트폰 활용 교육 봉사활동 진행
경기서부	대구지부	
스마트 위드유	**스마트 소통 약방**	
매월 정기모임을 통해서 스마트폰 활용지도사의 역량개발과 지역주민들을 위해 스마트폰 활용 교육 봉사활동 진행	매월 정기모임을 통해서 스마트폰 활용지도사의 역량개발과 지역주민들을 위해 스마트폰 활용 교육 봉사활동 진행	

05 | SNS소통연구소 출판 리스트 45권 (2023년 7월 기준)

06 SNS소통연구소 전국 지부 및 지국 현황

서울 (지부장-소통대)
- 강남구 (지국장-최영하)
- 강서구 (지국장-문정임)
- 관악구 (지국장-손희주)
- 광진구 (지국장-서순례)
- 강북구 (지국장-명다경)
- 강동구 (지국장-윤진숙)
- 노원구 (지국장-전윤이)
- 동작구 (지국장-최상국)
- 동대문구 (지국장-김종현)
- 도봉구 (지국장-오영희)
- 마포구 (지국장-김용금)
- 송파구 (지국장-문윤영)
- 서초구 (지국장-선수옥)
- 성동구 (지국장-이명애)
- 성북구 (지국장-조선아)
- 양천구 (지국장-송지열)
- 용산구 (지국장-최영옥)
- 영등포구 (지국장-김은정)
- 은평구 (지국장-노승유)
- 중구 (지국장-유화순)
- 중랑구 (지국장-정호현)
- 종로구 (지국장-김숙명)
- 구로구 (지국장-박정옥)

경기북부 (지부장-이월례)
- 의정부 (지국장-한경희)
- 양주 (지국장-유은서)
- 동두천/포천 (지국장-김상기)
- 구리 (지국장-김용희)
- 남양주시 (지국장-정덕모)
- 고양시 (지국장-백종우)

경기동부 (지부장-이종구)
- 성남시 (지국장-노지영)

경기서부 (지부장-이종구)
- 안양/과천 (지국장-곽문희)
- 시흥시 (지국장-윤정인)
- 부천시 (지국장-김남심)

경기남부 (지부장-이중현)
- 수원 (지국장-권미용)
- 이천/여주 (지국장-김찬곤)
- 평택시 (지국장-임계선)
- 안성시 (지국장-허진건)
- 화성시 (지국장-한금화)

인천광역시
- 서구 (지국장-어현경)
- 남동구 (지국장-장선경)
- 부평구 (지국장-최신만)
- 중구 (지국장-조미영)
- 계양구 (지국장-전혜정)
- 연수구 (지국장-조예윤)

강원도 (지부장-장해영)
- 강릉시 (지국장-임선강)
- 원주시 (지국장-김이섭)

충청남도 (지부장-김미선)
- 청양/아산 (지국장-김경태)
- 금산/논산 (지국장-부성아)
- 천안시 (지국장-김숙)

광주광역시
- 북구 (지국장-김인숙)

대구광역시 (지부장-임진영)
- 수성구 (지국장-김기연)

대전광역시 (지부장-유정화)
- 중구/유성구 (지국장-조대연)

부산광역시 (지부장-손미연)
- 사상구 (지국장-박소순)
- 해운대구 (지국장-배재기)
- 기장군 (지국장-배재기)
- 연제구 (지국장-조환철)
- 진구 (지국장-김채완)

전라북도 (지부장-송병연)

경상남도
- 양산시 (지국장-한수희)

경상북도 (지부장-남호정)
- 고령군 (지국장-김세희)
- 경주 (지국장-박은숙)
- 경산 (지국장-정다건)

전라남도 (지부장-강영옥)

울산광역시 (지부장-김상덕)
- 동구 (지국장-김상수)
- 남구 (지국장-박인완)
- 울주군 (지국장-서선숙)
- 중구 (지국장-장동희)
- 북구 (지국장-이성일)

제주도 (지부장-여원식)

목차

목차

01강 고객을 유혹하고 매출이 증대되는 SNS마케팅 글쓰기 노하우

■ SNS란 무엇인가?

SNS는 Social Network Service의 약자입니다. 사회 관계망 서비스라고도 합니다.

혼자 하는 것보다 여럿이 하는 것이 낫다는 의미입니다. 하지만, 대부분 SNS마케팅을 시도하는 분들은 혼자서 몇 개월 해보고 안 되면 포기하는 경우가 많습니다.
SNS채널들은 각 채널이 가지고 있는 알고리즘이 있습니다. 그 알고리즘들은 공유, 댓글, 좋아요 등 서로 소통하는 시스템을 좋아합니다. 그러기에 혼자서 하는 것보다는 여럿이 함께 협업시스템을 구축하는 것이 필수 성공 요소입니다.

SNS마케팅 대행사에 외주를 주더라도 본인이 SNS마케팅에 대해서 이해를 하고 어느 정도 실전 연습을 해보고 주는 것과 그렇지 않은 경우는 차이가 많이 납니다.
실제 SNS마케팅 대행을 하는 경우에 금전적인 손해뿐만 아니라 시간적인 손해를 보는 경우가 많다 보니 그런 경험을 하게 되면 SNS마케팅 자체에 대해서 회의를 갖고 하지 않게 되는 게 현실입니다.

하지만, 항상 말하지만 자신이 원하는 정보를 찾고자 하는 고객들은 정보를 스마트폰이나 SNS상에서 찾고 있습니다.

자신의 유형 및 무형의 콘텐츠를 홍보하고자 하는 사람들은 SNS는 선택이 아닌 필수 마케팅 도구인 것입니다.
이젠 SNS마케팅을 할지 말지 고민하는 시대가 아닙니다. 특히나 코로나로 인해 언택트(Untact) 문화가 자리를 잡았고 스마트폰으로 인해 생활의 변화가 이전 시대와는 확연히 다른 4차 산업혁명시대에는 SNS채널들에 대한 이해와 툴(Tool)을 다루는 능력들을 배가 시켜야 자신이 종사하고 있는 사업분야에서 일의 효율성과 효과성을 극대화할 수 있을 것입니다.

■ SNS의 가장 큰 장점은 인맥의 범위는 한계가 없다는 것입니다.

SNS가 일반인들에게 익숙해지기 전에는 하나의 콘텐츠가 성공하기 위해서는 짧게는 몇 개월에서 몇 년이 걸리는 게 정상이었습니다.

하지만, SNS채널이 발달한 요즘 고객의 트랜드에 부합하는 콘텐츠라면 하루아침에도 자신의 콘텐츠를 알릴 수 있는 세상입니다.
거기에다 번역 기술이 너무나 좋아졌기에 국내뿐만 아니라 전 세계적으로 홍보할 수 있는 기회가 쉽고 빨라졌습니다.

예를 들어 네이버 블로그의 경우만 보더라도 한글로 콘텐츠를 포스팅하고 난 후 바로 영어, 일본어, 중국어 본체 및 간체로 번역된 포스팅을 바로 생성할 수 있습니다.

쇼핑몰에도 한글로 작성하고 바로 구글 번역기를 사용해서 전 세계 109개 언어로 번역해서 상품 상세 페이지를 만들어 낼 수 있습니다.

페이팔(PayPal) 사업자 회원가입을 한 사람이라면 SNS채널에 상품 이미지와 상세 페이지를 올려놓고 QRDROID PRIVATE 큐알코드 앱(App)에서 상품명과 금액을 입력한 후 QR코드를 생성해서 상품 상세페이지에 추가를 하게 되면 페이팔 회원가입이 된 고객들은 QR코드를 스캔해서 바로 결제를 할 수 있습니다.
굳이 해외 쇼핑몰을 처음부터 만들지 않더라도 해외 고객들에게 판매를 쉽게 할 수 있는 세상입니다.

■ SNS는 바이럴 마케팅이다.

바이럴 마케팅은 소셜 미디어를 통해 거미줄처럼 네트워크 되어 있는 소비자들에게 바이러스처럼 빠르게 확산되는 마케팅 현상입니다.

기업의 브랜드 스토리를 엔터테인먼트 마케팅 기법에 접목해 만들어 낸 영화, 영상, 뮤직비디오 등이 우리의 일상생활 속에 자연스럽게 전파되는 것을 의미하기도 합니다. 바이럴은 소비자가 스스로 찾는 콘텐츠며 자발적으로 친구와 지인들에게 전파됩니다.

바이럴 마케팅의 핵심은 '콘텐츠'와 '키워드'라고 할 수 있습니다.

자신이 취급하는 콘텐츠가 확실히 좋아야 고객들도 충성스러운 고객이 될 수 있습니다. 콘텐츠 즉 제품 및 상품의 내용이 좋지 않다면 소비자들은 바로 외면할 것입니다.

키워드는 다른 말로 표현하면 '고객의 언어'라고 할 수 있습니다. 고객의 언어를 제대로 찾아내고자 한다면 자신의 콘텐츠를 찾는 고객의 연령대와 성향을 먼저 파악해야 합니다. 그다음 해당 고객들이 주로 사용하는 SNS채널을 파악하고 무슨 키워드로 검색을 하는지 정확히 분석을 하게 되면 그야말로 고객을 확보하고 매출이 증대되는 지름길이 될 것입니다.

■ 마케팅 제대로 알고 계신가요?

마케팅이란?
마케팅은 판매행위를 어떻게 구성하고 전달할 것인지에 대한 모든 일련의 행위를 포함하며, 또한 상대방이 자신에 대해 가지고 있는 잠재 욕구를 자극하여 필요로 하게끔 만드는 행위와, 상품과 용역을 생산자로부터 소비자에게 원활히 이전하기 위한 비즈니스 활동을 포함합니다.
즉, 생산자와 소비자의 희망을 결합해서 능률적인 공급을 하는 것이 마케팅입니다. 그것을 위한 활동으로 시장조사, 상품화 계획, 판매촉진, 선전광고, 디지털 마케팅(digital marketing) 등이 있습니다.
마케팅은 시장 경제 또는 수요를 관리하는 경영학의 한 분야로써 일반인이 잠깐 공부해서 제대로 된 성과를 내기가 쉽지 않은 분야입니다.

SNS마케팅 강의를 해오면서 느끼는 것 중에 하나가 강의를 듣는 수강생들이 대부분 마케팅에 대한 정확한 이해가 없고 단순히 기능 몇 가지만 가지고 활용을 하다 보니 본인이 생각하는 만큼 일의 성과가 나지 않는 경우가 대부분입니다.

최대의 성과를 내기 위해 SNS마케팅 전략을 제대로 펼쳐서 고객을 유혹하고 매출을 증대시켜야 하는 소상공인들 입장에서 어떻게 SNS마케팅을 이해하고 실행해야 하는지 살펴보도록 하겠습니다.

■ SNS마케팅 기본 4원칙을 강조합니다.

▶ 첫 번째, What is in it for me?
▶ 두 번째, 고객을 세분화하라
▶ 세 번째, 컨셉을 명확히 해라
▶ 네 번째, 스마트워크 시스템 구축이 우선이다.

▶ 첫 번째, What is in it for me? 직역하면 "나한테 무엇인데?" 바꿔 말하면 "나한테 뭐가 좋은데?" 정도로 해석해보면 좋을 거 같습니다.
사업을 하는 사람들은 앞으로 제안서를 만들거나 블로그, 유튜브 등 SNS채널에 자신의 글을 올릴 때 첫 줄에 "내 콘텐츠를 이용하면 당신한테 뭐가 좋은데"를 먼저 기재합니다.
쉽게 말하면 결론부터 기재하라는 얘기입니다. 그래야 고객의 시선을 사로잡을 수 있습니다.
고객들이 원하는 바가 무엇인지 파악한 후 그 욕구를 토대로 키워드를 정해서 결론부터 기재하면 좋겠습니다.

▶ 두 번째, 고객(Customer)을 세분화하라.
예를 들어 사과 농사를 짓는 사업자라면 대부분 홍보할 때 몸에 좋은 사과, 건강에 좋은 사과, 비타민이 많은 사과라고 보통은 홍보를 합니다.
하지만, 이렇게 해서는 좋은 성과를 기대하기란 어렵습니다. 그 이유는 사과는 전국 어디에서나 재배를 하는 과일이기에 생산량도 많고 판매하는 사람도 많습니다.

그렇다면 어떻게 홍보문구를 만들면 고객의 시선을 사로잡을 수 있을까요?

"수험생들 위한 피로 회복에 좋은 합격 사과"
"40대 사장님들의 간 건강에 좋은 OOO 사과"
"50대 여성 갱년기 회복에 좋은 비타민 듬뿍 사과주스"
이처럼 고객층을 세분화해서 홍보문구와 마케팅 전략을 펼치는 것이 고객의 시선을 사로잡는 데 도움이 될 것입니다.
SNS채널을 운영하는 사업주들은 방문자가 많은 것보다 매출이 많은 것이 중요합니다. 그러기에 더더욱 고객을 세분화해서 홍보할 필요가 있습니다.

▶ 세 번째, 컨셉(Concept)을 명확히 해라.
다양성보다는 독창성을 인정받는 세상입니다. 동종 업계라도 같은 종류의 콘텐츠를 어떻게 기획하고 차별화된 상품을 만들어 내느냐가 성공과 실패의 핵심일 것입니다. 개인이든 강사분들뿐만 아니라 기업도 컨셉이 있느냐 없느냐가 SNS마케팅 관점에서 보면 고객의 관심을 유도하는 데 매우 중요한 요소라고 볼 수 있습니다.

▶ 네 번째, 스마트워크 시스템 구축이 우선이다.

요즘 SNS마케팅을 제대로 배워보겠다고 수강하시는 분들이 많이 있습니다. 창업을 준비하시는 분들이라면 더더욱 열심히 하십니다. 하지만, 정작 업무 효율을 높일 수 있는 스마트워크 교육에 대해서는 어떻게 하는지 잘 모르기도 하고 또 제대로 배워보려고 하지 않는 경우가 많습니다.

SNS마케팅은 하루아침에 좋은 결과를 얻어내기가 쉽지 않습니다. 꾸준히 지속적으로 마케팅 전략과 전술을 기획하고 점차적으로 실행해 나가야 좋은 결과들을 얻어낼 수 있습니다. 시간이 돈인 소상공인 입장에서는 기다릴 여유가 없기에 제대로 SNS마케팅 시스템을 구축하기가 어렵습니다. 이런 경우에 시간을 절약할 수 있는 방법이 스마트워크 시스템을 먼저 갖추는 것입니다. 소상공인 입장에서 보면 스마트폰이나 SNS도구들을 제대로 배우고 활용하면 남들보다 훨씬 더 많은 시간을 절약하고 일의 효율성과 효과성을 극대화할 수 있습니다.

수강생 중에 시니어들의 경우 노트북 자판을 치는데도 젊은 사람들 5분이면 할 것을 30분 넘게 타이핑하는 분들이 많습니다.
하지만, '네이버 스마트보드'라는 인공지능 자판에 있는 텍스트 스캔 기능이나 'OCR'(텍스트 스캐너) 어플을 활용하면 1시간 동안 타이핑할 자료를 3초 만에 추출할 수 있고 '구글 탭하여 번역' 기능을 사용하면 3초 만에 추출한 텍스트들을 내가 원하는 언어로 바로 번역도 가능합니다.
과거에는 전문 디자이너한테 많은 비용을 지불하고 디자인을 의뢰했다면 현재는 스마트폰 앱이나 PC프로그램 2-3가지만 알고 활용해도 충분히 무료로 전문 디자이너 못지않게 결과물을 만들어 낼 수 있습니다.

현재 사업을 하시는 분들이나 창업을 준비하는 분들이라면 스마트폰 활용 및 SNS도구 활용에 대해서 제대로 배우고 익혀서 업무에 활용할 필요가 있습니다. 바쁘다는 이유로 대부분은 그냥 자기가 해오던 습관대로 일을 하다 보니 업무 효율은 오르지 않고 매출도 오르는 게 아니라 떨어지는 경우가 많습니다. 그러다 보니 현재 기업이 과거의 방식대로 일을 해서는 기업의 생존 주기가 3-5년 밖에 안 된다는 것입니다. 일의 효율성과 효과성을 극대화할 수 있는 시스템을 갖추지 않으면 치열한 비즈니스 세계에서 견디기 힘들다는 것을 보여주는 예입니다.
현재 많은 1인 기업 및 소기업의 경우 모바일과 SNS도구를 제대로 활용하는 기업은 만족할 만한 업무성과를 내고 매출이 증대되는 효과를 톡톡히 보고 있습니다.
단순한 예로 직원 10명이 스마트폰 활용과 SNS도구(블로그, 크롬웹스토어, 협업프로그램 등등)를 2-30시간 정도만 제대로 배우고 익힌다면 일을 효율적으로 할 수 있는데 직원 1명당 하루에 최소 30분 정도는 세이브할 수 있을 것입니다.
(소기업 오너들이 가장 도입하고 싶은 게 스마트워크 시스템입니다)
직원이 10명이라면 하루면 300분, 한 달 20일 근무한다고 가정하면 한 달에 6,000분을 절약할 수 있고 시간으로 따지면 100시간을 다른 일에 사용할 수 있다는 계산이 나옵니다.
경제적으로 힘든 기업 입장에서는 스마트폰 및 SNS활용에 대해서 보다 체계적으로 배우고 익혀야 할 것입니다.
이처럼 업무 효율을 높이게 되면 여유 시간이 생기고 그 시간에 마케팅 전략을 기획하고 실행한다면 진정 사장님들이 바라는 모습이 아닐까 생각됩니다.

이상은 소상공인 입장에서 볼 때 꼭 지켜야 할 SNS마케팅 4원칙에 대해서 알아보았습니다.

■ 이제는 블로그와 SNS마케팅의 상관관계에 대해서 간략히 알아보겠습니다.

SNS마케팅을 시작하시는 분들이나 초보이신 분들은 SNS채널이 많은데 어떤 것부터 먼저 해야 할지 몰라 망설이는 분들이 많습니다. SNS채널 운영은 업종별로 연령대별로 다를 수 있습니다. 그에 맞춰서 SNS마케팅 전략을 구축해야 할 것입니다.
하지만, 대한민국 사람이라면 남녀노소 누구나 대부분은 궁금한 것이 있으면 네이버에서 먼저 검색을 하고 블로그 리뷰를 참고하고 댓글을 보고 구매 의사를 결정하기도 합니다.

자신의 콘텐츠를 알리기 위해서는 '네이버 블로그'는 기본적으로 해야 할 SNS도구입니다. 가장 큰 이유는 다른 SNS채널에 비해서 블로그는 다양한 콘텐츠들을 업로드 해서 고객에게 보여줄 수 있기 때문입니다. 또한, 블로그에 다양한 콘텐츠를 담아내면 여러 SNS채널에 공유할 수가 있습니다.

다른 사람들이 유튜브 해서 돈을 벌었다고 하면 유튜브를 하고 인스타그램해서 돈을 벌었다고 하면 인스타그램하고 이런 식으로 남을 따라 하기만 하시는 분들이 많은데 자신한테 맞는 마케팅 도구를 찾아서 제대로 활용해야 할 것입니다.
소상공인들은 네이버에서 제공하는 서비스들만 제대로 이해하고 활용해도 고객을 유혹하고 매출을 증대시키는 데 많은 도움이 될 것입니다.

■ 이번에는 네이버에서 제공하는 SNS콘텐츠 구축 노하우에 대해서 간략히 알아보겠습니다.

SNS마케팅을 하고자 하는 분들은 기능적으로 잘하지는 못하더라도 대략이라도 SNS채널들을 어떻게 활용하는지에 대해서 이해만 하고 있어도 원하는 성과를 내는 데 많은 도움이 될 것입니다. SNS마케팅 대행사에 외주를 주더라도 SNS마케팅에 대해서 제대로 이해를 하고 일을 맡기게 되면 적은 비용으로 효과를 볼 수 있지만 사업자가 SNS마케팅에 대해서 잘 모른다면 돈과 시간만 낭비하는 경우가 많습니다.
사업을 제대로 하고자 하는 분들은 SNS마케팅에 대해서 대략적인 프로세스라도 제대로 배우고 익히면 좋겠습니다.

▪ 네이버 블로그 영역

블로그 영역에는 보통 고객들의 구매 후기가 올라옵니다. 먼저 구매한 사람들의 상품 세부 설명 및 만족하다는 구매평이 있어야 합니다.
블로그 영역에도 단순히 한 블로그에 올리는 것이 아니고 여러 개의 키워드로 여러 개의 블로그에 올려야 원하는 성과를 낼 수 있습니다.

일반적으로 자신의 콘텐츠를 홍보하기 위해서 '위블', '모두의 블로그', '블로슈머' 등 블로그 체험단을 통해서 직접 모집하는 방법도 있지만, 대행사를 통해서 진행하는 방법도 있습니다. 단, 체험단을 운영할 때는 키워드 선정, 우수 블로거 파악하는 방법, 블로그 작성 가이드라인에 대한 것들을 내가 어느 정도 알고 있어야 적은 비용으로 최대의 효과를 볼 수 있을 것입니다.

가령 블로그도 '노출 등급'이 따로 있습니다. 무조건 키워드 몇 개 선택해서 글을 쓴다고 다 네이버 블로그 영역에 상위 노출되는 것이 아니고 어느 정도 블로그 지수가 있는 블로그에 콘텐츠를 올렸을 때 상위 노출이 가능합니다.

■ 카페 영역

카페 영역도 상품 구매 후기가 주 내용입니다. 블로그 후기들보다 세련된 맛이 떨어지지만 이것이 도리어 예비 구매 고객들에게 더 진정성 있게 다가설 수 있습니다. 아마도 요즘 고객들이 블로그에 광고 글이 많다는 것을 알기 때문일 것입니다.
기본적으로 카페 등급이 '열매' 이상 또는 최소 '가지' 등급의 최적화 카페에서 진행을 해야 콘텐츠가 노출될 확률이 높아집니다.
그리고 콘텐츠 글을 쓰는 작성자의 아이디 지수도 중요합니다.
전국 단위, 지역 단위 맘카페 혹은 타켓으로한 커뮤니티에서 체험단을 진행하면 됩니다. 전국 단위는 노출이 워낙 많이 되기 때문에 체험단 가격도 지역 단위 커뮤니티보다 높습니다. 따라서, 가격을 알아보고 적합한 단위의 커뮤니티를 찾아서 진행하면 좋습니다.

■ 쇼핑 영역

오픈마켓, 종합몰, 소셜, 스마트 스토어, 자사몰 같은 쇼핑몰에 등록하면 노출이 됩니다. 네이버 통합검색의 모든 영역에 노출이 되어도 실상 구매를 할 수 있는 쇼핑 영역에 상품이 없다고 하면 구매를 할 수 없기 때문에 반드시 등록이 되어 있어야 합니다.
또한 일반적으로 고객들은 평소에 구매를 하는 쇼핑몰에만 구매하는 특성이 있기 때문에 이왕이면 다양한 쇼핑몰들에 노출되면 좋습니다.

■ 지식인 영역

나의 상품 혹은 카테고리에 대해 궁금해하는 사람의 질문에 대해 답글을 올리게 되면 노출이 됩니다. 게시글의 제목과 본문 글에 내 상품 또는 브랜드에 대한 키워드가 여러 번 반복되어야 상위 노출에 유리합니다.

■ 동영상, 이미지 영역

영상 또는 이미지로 상품 정보, 구매 후기, 제조 공정, 탄생 스토리 등 만들어서 네이버TV, 유튜브, 판도라TV 같은 동영상 공유 플랫폼에 올리거나, 네이버 블로그, 카페, 포스 등에 첨부하게 되면 노출됩니다.
이때 주의해야 할 것은 영상이나 이미지의 파일명에 반드시 내가 노출하려는 키워드가 들어가야 한다는 점입니다. 또한, 동영상의 경우 1순위 네이버TV, 2순위 네이버 블로그, 카페 3순위 유튜브 등 순으로 노출된다는 점도 참고하시길 바랍니다.

■ 웹사이트 영역

보통 웹사이트에는 홈페이지 사이트가 나오는데 본인의 홈페이지 사이트가 없을 때는 무료 모바일 쇼핑몰인 MODOO를 만들면 웹사이트 영역에도 노출이 됩니다.

지금까지 소개한 네이버 통합검색의 각 영역들에 충분한 콘텐츠가 구축되어 있어야 그 키워드로 들어온 예비 고객들에게 충분한 신뢰를 주어서 구매로까지 연결될 수 있습니다. 이는 가장 기본이 되는 일이고 신경써서 세팅을 해 두셔야 합니다. 그리고 일정한 주기로 꾸준히 업데이트도 해야 합니다.
특히, 모바일 영역은 노출되는 영역이 몇 개 안 되기 때문에 필히 수시로 확인해야 합니다. 가령, 모바일에서 많은 검색되는 키워드인데 블로그가 주로 검색된다면 당연히 블로그 영역 노출에 신경 써야 하고, 내가 사용하는 키워드가 지식iN 영역에 주로 검색된다고 하면 지식iN 영역의 콘텐츠 구축에 신경 써야 합니다.

소상공인들의 경우 SNS마케팅이 필요한 건 알겠는데 할 시간이 없어서 답답하다고 합니다.
다시 한번 강조하지만 돈을 지불하고 자신이 원하는 콘텐츠를 구매하고자 하는 고객들은 정보를 네이버, 유튜브 등 SNS채널에서 정보를 찾고 있습니다.
사업을 하시는 분들이라면 고민하지 말고 하루에 최소 1시간 이상씩 SNS채널을 운영하는데 투자를 하셔야 할 것입니다. 지속적으로 하다 보면 자신의 브랜드를 알리고 단골 고객이 확보가 되고 매출이 오르는 데 큰 기여를 할 것입니다.

■ 기가 막힌 마케팅 글쓰기 비법

SNS마케팅의 핵심은 "고객의 언어"를 찾아내는 것이 성공의 관건이라 해도 과언이 아닐 것입니다. 고객의 언어를 잘 찾아내서 어떻게 글을 쓰느냐가 중요한데 대부분은 글쓰는 데 어려움을 많이 느낍니다.
이번에는 마케팅 글쓰기 비법인 "SELF PARKING"에 대해서 알아보도록 하겠습니다.
일단 글을 쓸 때 기본적으로 "SELF"를 적용시켜봅니다.

■ "SELF"

S = Story
E = Emotion
L = Long
F = Fun

▶ Story는 블로그 등 SNS 채널에 글을 쓸 때 이야기하듯이 쓰라는 뜻입니다. 딱딱한 문어체보다는 이야기하듯이 구어체로 얘기하는 것이 실제 경험담을 얘기하는 듯한 느낌을 줄 수 있어 방문자의 신뢰를 얻기에 좋습니다.

▶ Emotion은 감성에 호소하라는 뜻입니다. 글 속에 사람들의 감성을 자극할 수 있는 것을 녹여내서 글을 쓴다면 기대 이상의 효과를 볼 수 있을 것입니다.

▶ Long은 길게 쓰라는 얘기는 아닙니다. 예를 들어 5월에 블로그에 "선물"이라는 키워드로 글을 쓴다고 가정하면 5월에 사람들이 많이 찾는 키워드와 같이 써주면 좋습니다. 5월에는 근로자의 날, 어린이날, 어버이날, 스승의날, 석가탄신일, 부활절 등 다양한 행사들이 있습니다. 그럼 "직원 가족들이 감동하는 근로자의 선물 OOOOO"처럼 글을 쓰는 시점에 사람들이 많이 찾는 키워드

를 혼합해서 글을 쓴다면 노출될 확률이 높아질 것입니다.

▶ Fun은 재미있게 글을 쓰면 좋다는 얘기입니다. 사람도 유머스럽게 얘기하는 사람이 인기가 많듯이 글 속에 유머러스한 부분이 있으면 충성고객을 확보할 확률이 높을 것입니다. 이모티콘이나 이미지 활용을 하는 것도 좋은 방법일 것입니다.

위에 4가지 "SELF"는 기본적으로 글을 쓸 때 참고해서 해야 하는 부분이고 이제부터는 제목을 쓸 때 임팩트하게 하는 방법인 "PARKING"에 대해서 알아보겠습니다.

알아보기 전에 일반 사람들이 왜 SNS상에서 정보를 검색하는지 생각해 볼 필요가 있습니다. 당연히 자신이 원하는 정보를 해결하고자 스마트폰이나 컴퓨터로 검색을 하는 것입니다. 그러면 어떤 목적으로 검색을 하는지 생각해 봤을 때 7가지 측면을 생각해 볼 수 있습니다.

그 7가지를 함축해 놓은 단어가 "PARKING"인 것입니다.

■ "PARKING"

P = Price(가격을 비교하기 위해서 검색합니다)
A = Answer(자신이 궁금한 것에 대한 해답을 찾고자 검색합니다)
R = Risk(위험을 회피하기 위해서 검색합니다)
K = Knowhow(어떤 일에 대한 노하우를 찾고자 검색합니다)
I = Interest(자신의 흥미나 관심사에 대해서 검색을 합니다)
N = No(부정이 아니라 반어법 개념입니다)
G = Genuine(진실이나 사실을 알기 위해서 검색합니다)

■ PRICE

상품이나 서비스의 가격은 사람들이 알고 싶어하는 정보 중 하나입니다. 실제로 네이버 카페 등에는 각종 공사 견적서를 공개한다는 콘셉트로 엄청난 회원을 모으며 큰 인기를 누리는 곳도 있습니다.

예시)
★ 32평형 아파트 베란다 확장공사 견적사례들
★ 만 35세 이상 자동차 보험료 책정간
★ 갤럭시 노트4 깨진 액정 매입 평균 가격대
★ 프라다 100불에 사는 법
★ 하루 24시간 사용해도 1달 유지비는 3,900원

■ ANSWER

사람들이 네이버에서 검색을 하는 근본적인 이유를 생각해 보면 대부분 무엇인가 궁금하거나 정보가 필요하기 때문에 검색을 할 것입니다.
이렇게 정보가 필요한 사람들은 제목에 들어가는 어휘 자체가 "정보제공형"일 경우 클릭할 확률이 높습니다.

예시)
★ 쭈꾸미 제대로 손질하는 방법
★ 모공 속까지 깨끗하게 클렌징하는 방법
★ 출산 후 탈모 막는 좋은 방법
★ 남자 옆머리 뻗침 기가 막힌 해결책
★ 처진 엉덩이 해결방법

■ RISK

손해 보기 좋아하는 사람은 아무도 없습니다. 어찌 보면 사람들이 인터넷에서 정보를 검색하는 이유도 가능한 손해를 줄이기 위해서일지 모릅니다. 사람들의 이러한 심리를 이용해서 안 보면 마치 손해를 볼 것 같다는 느낌을 준다면 클릭률을 높일 수 있을 것입니다.

예시)
★ 아파트 배란다 확장공사 피해사례
★ 선글라스 잘못 고르면 백내장 걸리는 이유
★ 식품 원재료 표기에 속지마세요.
★ 사람들이 쉬쉬하는 000제품 부작용
★ 모르는 게 약이라구요? 모르면 당신만 손해봅니다.

■ KNOWHOW

'방법, 노하우'는 고객의 관심을 끌 수 있는 매우 효과적인 수단입니다. 제품에 대한 관심과 구매 의사의 정도가 높든 낮든 일정한 관심을 가진 고객이라면 누구나 '방법, 노하우'에 눈이 갑니다. 우선 구매 여부와 관계가 없으므로 부담이 적고 사람들은 누구나 정보와 지식에 대한 욕구가 있기 때문입니다.

예시)
★ 저비용으로 우수 고객을 확보하는 방법
★ 청소 경력 9년 전문가의 청소 창업 노하우
★ 중고차 저렴하게 구매하기 위한 5가지 노하우
★ 휴가철에도 한적한 동해안 피서지 공개
★ 옥상텃밭으로 채소값 아끼는 아파트 노하우 공개

■ INTEREST

사람들의 흥미나 호기심을 일으킬 만한 사연이나 스토리가 있다는 점을 제목에 어필하면 클릭률을 높일 수 있습니다. 기법중에 하나인 '말끝 흐리기'는 1960년대 미국의 기념비적인 광고로부터 비롯된 기법입니다.
이 광고에는 "내가 피아노 앞에 섰을 때 모두들 나를 비웃었다. 하지만 내가 연주를 시작하자…" 라는 헤드 카피를 사용했는데 생각보다 엄청난 효과가 있었습니다.

예시)
★ 뱃살을 없애는 쉽고 빠른 방법. 그것은 바로…
★ 꼴찌를 전교 1등으로 이끈 학습법은 바로….
★ 주식투자의 결정판. 그것은 바로….
★ 갑자기 날씬해진 친구 알고 보니….
★ 단열뽁뽁이 성능 어느 정도길래….

■ NO

메일이나 포스팅의 제목은 보통 긍정적인 표현으로 이루어집니다. 그런데 부정적이면서도 단정적인 표현이 사용되면 뜻밖이라는 '의외성'을 느끼게 됩니다. 이러한 의외성은 정확한 흡인력을 가지면서 그런 표현에 대한 궁금증과 호기심을 유발합니다. 또한, 단정적인 표현에서 강한 자신감을 느끼게 합니다.

예시)
★ 편경탕은 만병통치약이 아닙니다.
★ 다른 건 몰라도 건어물은 마트에서 사지 마세요.
★ 이 리포트를 읽기 전에는 해외여행 떠나지 마세요.
★ 0000제품이 무조건 좋은 건 아닙니다.

■ GENUINE

진실은 방법이나 노하우보다 더 강력한 유인 효과가 있어서 그 분야에 관계가 없는 사람의 관심까지 끌어들일 수 있습니다. 또한 타인이 사용한 진실에 대해서 궁금해하면 지인들의 경험을 통해 구매를 결정하는 경우가 많습니다.

예시)
★ 김과장 초고속 승진의 비밀
★ 만년 대리 김대리가 갑자기 승진한 이유는?
★ 미백화장품의 비밀. 꼭 알고 사용하십시오.
★ 0000 수입 침구류 일주일 사용해 봤어요.
★ 파주 출판단지 다녀왔어요.

■ 나만 모르는 글쓰기 자료 모으기

누구나 글을 잘 쓰고 싶어하지만 대부분은 한 줄 글을 쓰는데도 엄청난 스트레스를 받은 경우가 많습니다. 글쓰기는 지속적으로 훈련을 해야 성과를 볼 수 있는 분야인데 바쁜 소상공인들이 시간을 내서 따로 배우기에는 어려운 경우가 많습니다.

▶ 일상생활 속에서 글쓰기 자료나 카피문구를 쉽게 구할 수가 있는데 몇가지에 대해서 설명하고자 합니다.

1. 시집 : 지역 도서관에 가면 책들이 많은데 그중에 시집을 보면 미사여구들이 많아 글쓰기 하는데 많은 도움이 됩니다.

2. 광고카피 : 구글이나 네이버 포털사이트에서 "기발한 광고카피" 라고 검색하면 수많은 자료들이 나오는 데 참고해서 자신만의 키워드 목록을 만들어 놓는 것도 좋습니다.

3. 기발한 간판 : 상점 및 업체 간판들을 보면 전국적으로 기발한 간판 광고나 브랜드 이름들이 많습니다. 참고하면 제목을 정하는 데 많은 도움이 될 것입니다.

4. 마케팅, 세일즈, 카피라이팅 책 : 서점이나 도서관뿐만 아니라 온라인상에서도 많은 자료들을 찾아볼 수 있는데 유용한 문구나 키워드들은 따로 정리해 놓으면 좋습니다.

5. 영화, 드라마, 예능 등 TV 콘텐츠 : 각종 방송에서 나오는 카피문구들을 보면 기발한 카피들이 많이 있습니다. 분명 SNS 콘텐츠를 제작하실 때 기발한 카피들을 응용해서 자신만의 키워드로 사용하시면 지금보다 더 많은 고객들의 호응을 얻어낼 수 있을 것입니다.

■ 최고의 마케팅 글쓰기 비법

빌려쓰기 하라!

일반인들에게 가장 좋은 공부는 주변에서 사용하고 있는 내용을 빌려쓰기 하라는 것입니다. 앞에서도 잠깐 언급했지만 글을 쓰는 데 있어서 제목을 정하거나 자신의 콘텐츠를 홍보하기 위해서 카피문구를 작성하는 것은 힘든 일중에 하나입니다. 이럴 때 다른 사람들이 사용했던 문구들을 참고해서 응용해서 사용하면 보다 쉽게 자신이 원하는 결과물들을 얻어낼 수 있을 것입니다.

▶ 빌려쓰기(Borrow) + 찾기(Catch) + 베껴쓰기(Copy) + 바꿔쓰기(Change)

"올여름 비키니를 입고 싶다면 양파를 먹자"

2008년 양파협회 슬로건인데 여기에서 양파 대신 "사과"라든지 "고구마" 키워드로 대체해도 좋을 것입니다.

즉석에서 메모하라!

사람들은 누구나 많은 아이디어를 생각하게 되는데 시간과 장소에 따라 생각나는 아이디어가 다릅니다.
아이디어가 생각나면 스마트폰에다가 바로 녹음하거나 메모를 해두면 귀중한 자료로 사용할 수 있을 것입니다.
강의를 하다 보면 사업을 오랫동안 하신 분들도 자신이 하는 일에 대해서 제대로 분석을 해보신 분들이 의외로 많지 않은 경우를 보게 됩니다.
다음부터 설명하고자 하는 내용은 자신의 콘텐츠에 대해서 스토리텔링을 할 수 있는 자료이기도 하고 SNS마케팅을 하는 데 있어 글쓰기를 보다 쉽고 빠르게 작성하고 고객을 제대로 유혹하고 매출을 증대시키는 데 많은 도움을 줄 내용들입니다.

■ 마케팅 글쓰기 대본 만들기

1. 마케팅 글쓰기 믹스 4Ws

마케팅 글쓰기의 믹스란 잘 팔리는 한마디를 쓰기 위해 정리해 두어야 할 요소를 말합니다.
고객(who), 제품(what), 이득(whim), 경쟁력(why you)의 네 가지 요소입니다.

이 네 가지 기본 요소에 대해 생각이 정리되어 있지 않으면 쓸거리를 구체화하는 것도, 빌려쓰기 할 만한 재료를 구하는 것도 어려울 것입니다.

다음 질문에 답하면서 자신이 판매하는 제품/서비스가 지닌 마케팅 요소 4Ws를 정리해보도록 합니다.

▶ Who. 당신의 고객은 누구인가?
▶ What. 당신의 제품/서비스는 무엇인가?
▶ Whim. 당신의 제품/서비스가 갖는 이득, 혜택은 무엇인가?
▶ Why you. 당신의 제품/서비스의 경쟁력은 무엇인가?

2. 내 고객 바로 알기

고객을 명확하게 정의하고 그들의 욕구가 내가 판매하는 제품/서비스와 어떻게 연관되는가를 정리해 두어야 합니다. 자신의 고객이 누구인지 제대로 알고 있어야 고객을 유혹하든, 사게 만들어서 매출을 증대시킬 수 있을 것입니다.

■ 고객을 명확히 정의한다.

▶ 당신의 제품/서비스는 누가 사는가?
▶ 그들이 당신의 제품/서비스를 필요로 하는 이유는 무엇인가?
▶ 그들이 해결해야 할 가장 큰 문제는 무엇인가?
▶ 그들은 자신의 문제에 대한 답을 어떤 방식으로 찾는가?
▶ 그들이 자주 사용하는 단어와 말투는 무엇인가?

■ 제품/서비스와의 연관성을 밝힌다.

▶ 내 상품이 어떤 고객과의 어떤 문제를 해결해 줄 수 있는가?
▶ 내 상품이 고객의 어떤 문제를 피하게 해주는가?
▶ 내 상품이 고객에게 주는 이득은 무엇인가?
▶ 나의 해결책이 효과가 있다는 것을 보여주는 방법은 무엇인가?
▶ 다른 경쟁사의 것에 비해 어떤 차이가 있을까?
▶ 이 모든 것을 입증할 만한 자료는 어떤 것이 있는가?

3. 내가 판매하는 제품 및 서비스 제대로 파악하기(제품 또는 서비스 상품의 마케팅 FAB전략)

제품과 서비스의 FAB(FEATURE, ADVANCED, BENEFIT)의 전략이 마케팅에서는 필수 요소입니다.

제품이나 상품 또는 서비스를 제공함에 있어서 고객은 어떤 상황으로부터 상품에 대한 확신을 얻어야 비로소 구매 결정을 하게 됩니다.

이때 FAB전략을 세우게 되면 고객을 유혹하고 매출을 증대시키는 많은 도움이 될 것입니다.

여기서 쉽게 FAB를 구분해본다면

▶ FEATURE(특징)은 타제품에는 없는 성능을 말합니다. 함께 있으면 특징이라고 보지 않습니다.
▶ ADVANCED(장점)은 타제품과 함께 기능이 있으나, 타제품보다 기능이 우수하다는 것입니다.

▶ BENEFIT(이득)은 고객이 상품이나 제품의 특징이나 장점을 이해하고 비로소 내가 타제품과 비교했을 때 이득이 얼마 더 생기겠다는 결정이 서면 구매를 하게 되는 것입니다.

▶ FAB 프레임 실전 연습 해보기
Feature(특징) - 당신의 사업, 제품, 서비스에 관한 사실이나 차별화된 특성을 말함

★ 이것은__________이다.

Advantage(이점) - 그 특성이 제공하는 장점
★ 이것은__________하도록 돕는다.

Benefit(이득) - 구체적인 대상에게 제공하는 구체적인 이점
★ 이것은_________에게 _____________해서 좋다.

■ FAB(파브) 예시

만약에 산소소주의 메시지를 파브 프레임으로 바꾸어 보자.

▶ Feature(특징) : 산소가 많은 소주다.
▶ Advantage(이점) : 100퍼센트 천연원료로 만들어 깨끗한 데다가 산소가 3배나 많아 술이 빨리 깬다.
▶ Benefit(이득) : 회식한 다음 날에도 아침 일찍 출근하여 일해야 하는 애주가들의 체면을 살려주는 소주다.

4. 제품/서비스를 메시지로 표현하기

이제, 당신의 제품/서비스를 왜 구매해야 하는지 고객에게 쉽게 설명하는 방법을 알아보겠습니다. ITB 프레임을 활용하면 어렵지 않게 할 수 있습니다.
한 문장으로 정리할 때는 70자를 넘지 않게끔 간단명료하게 정리하는 것이 좋습니다.

1. If(만일 ~하다면) – 제안의 전제
2. Then(~하라) – 제안의 핵심
3. Because(왜냐하면 ~ 하므로) – 제안의 배경

■ ITB 프레임으로 정리하기

산소소주 예를 들자면
만일 회식 다음 날 새벽에 임원단 프레젠테이션을 해야 한다면 회식에서는 산소소주를 마시자. 왜냐하면 산소소주는 100퍼센트 천연원료로 만들어 깨끗한 데다 산소가 3배나 많아 술이 빨리 깨기 때문이다.

▣ 블로그 홈 화면 편집

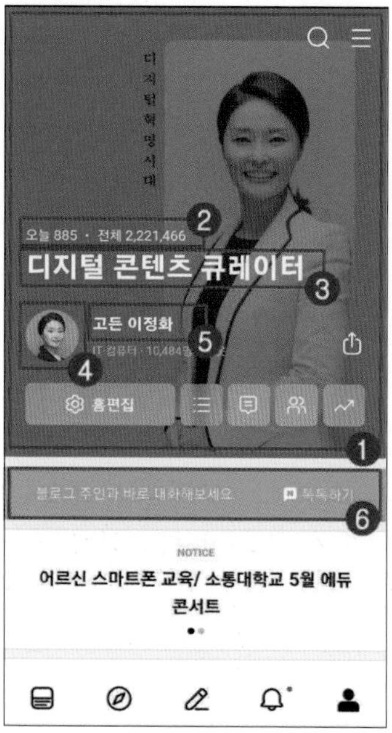

▶ 네이버 블로그는 네이버 회원가입만으로 기본으로 생성됩니다. '구글 Play 스토어' 또는 '앱 스토어'를 통해 다운로드할 수 있습니다.

블로그 앱을 실행하면 처음 화면인 '이웃 새 글'이 보입니다.

블로그 홈 편집을 위해 화면 하단 우측에 사람 아이콘인 '내 블로그'를 터치합니다.

① [블로그 커버 사진]을 편집할 수 있습니다.

② 금일 방문자와 총방문자 수를 확인할 수 있습니다.

③ [블로그 제목]을 편집할 수 있습니다.

④ [블로그 프로필 이미지]를 편집할 수 있습니다.

⑤ [블로그 별명]을 편집할 수 있습니다.

⑥ [네이버 톡톡] 블로그 방문자와 실시간으로 상담할 수 있습니다. (네이버 톡톡 파트너센터 가입 후 사용할 수 있습니다)

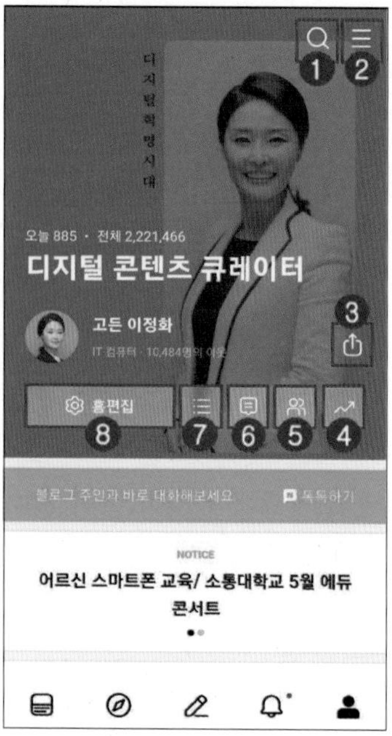

▶ ① 블로그에 작성한 글을 [검색]할 수 있습니다.

② [더보기]에 '환경설정'으로 들어가면 글쓰기 설정, 카테고리 설정, 알림 설정 등을 편집할 수 있습니다.

③ [공유 아이콘] 카카오톡, 라인, 문자, 밴드 등 다른 채널을 통해 지인에게 내 블로그를 홍보하거나 초대할 수 있습니다.

④ [통계] 일간 현황, 방문 분석, 사용자 분석, 순위 등 내 블로그에 방문하는 사람들의 성향을 파악하고 분석할 수 있습니다.

⑤ [이웃목록] 이웃 또는 서로 이웃을 맺은 사람들의 목록을 확인할 수 있습니다.

⑥ [안부글] 이웃 또는 서로 이웃이 남긴 안부글을 확인하고 소통하는 곳입니다.

⑦ [카테고리] 전체 글 개수를 확인할 수 있으며 카테고리의 수정, 삭제, 추가가 가능합니다.

⑧ [홈편집] 스마트폰 블로그 앱의 메인 화면을 꾸밀 수 있는 홈편집으로 이동합니다.

홈편집 화면입니다.

1 ① [이미지 변경]이 가능하며, 이미지 기본값은 980px, 세로는 3:4 정도의 비율을 추천합니다. ② [커버 스타일]을 터치하여 8가지 커버 스타일 중 원하는 커버를 선택할 수 있습니다. ③ [블로그명] 블로그 운영 목적에 맞는 블로그 이름을 입력합니다. 25자 이내로 한글, 영문, 숫자를 섞어서 만들 수 있습니다. ④ [블로그 프로필 이미지] 일반 사진과 GIF로 첨부할 수 있습니다. ⑤ [블로그 별명] 다른 블로그에서 댓글을 작성할 때도 사용되며 10자 이내로 한글, 영문, 숫자를 섞어서 만들 수 있습니다. 2 내 블로그가 어떤 성격의 블로그인지 표현할 수 있는 글로 200자 이내로 [소개] 란에 기입합니다. 3 ① [인기글 / 대표글]의 우선순위를 정할 수 있습니다. ② [대표글 관리]에서 글 순서도 정할 수 있으며 최대 10개까지 보여줄 수 있습니다.

memo

1 [외부채널] 다양한 외부채널 링크를 연결할 수 있습니다.

2 ① 글 목록에서는 블로그의 글 목록 보기 방식을 선택할 수 있습니다. ② [적용]을 터치하여 편집을 저장합니다.

▶ ① [이웃새글] 추천 모먼트와 내 이웃들의 새 글, 새 소식을 확인할 수 있으며, 이웃새글을 켜고 끌 수 있습니다.

② [블로그 추천] 내 관심사와 비슷한 주제를 등록하여 주제별로 확인 가능하며 나와 비슷한 블로그를 벤치마킹할 수 있습니다.

③ [블로그 글쓰기] PC뿐만 아니라 스마트폰 앱에서도 쉽고 빠르게 포스팅이 가능합니다.

④ [내소식] 내 블로그의 활동 소식을 바로 체크할 수 있으며 댓글, 이웃 추가, 이웃 신청, 공감 활동 등을 바로 확인하고 관리할 수 있습니다.

⑤ [내 블로그] 스마트폰 블로그 앱에서 보이는 내 프로필 화면입니다.

▣ 블로그 글쓰기

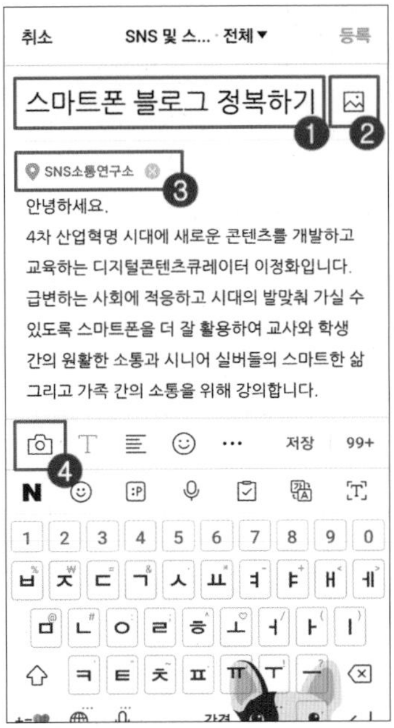

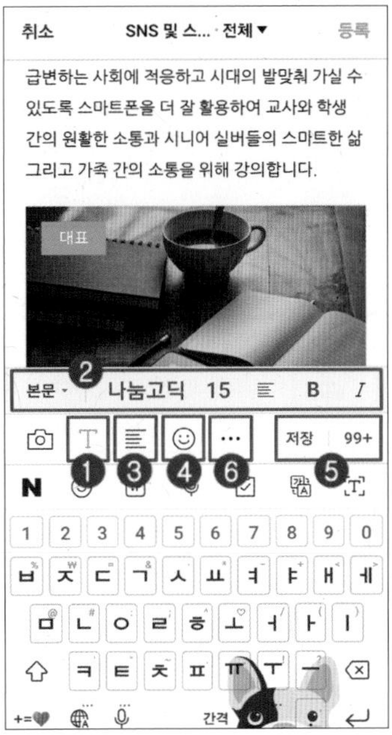

글쓰기 첫 화면입니다.

1 ① 50자 이내로 글쓰기에 가장 중요한 [제목]을 입력합니다. ② 제목에 배경 [이미지]를 넣을 수 있습니다. ③ [위치 추가] 글 쓰는 장소를 첨부할 수 있습니다. ④ 사진을 첨부하려면 사진 아이콘을 터치합니다. **2** ① 스마트폰 갤러리에서 사진을 불러올 수 있으며 ② 직접 촬영하여 사진을 첨부할 수 있습니다. ③ 동영상도 직접 촬영하여 첨부할 수 있습니다. ④ GIF를 직접 제작하여 첨부할 수 있습니다. **3** ① [텍스트]를 터치하거나 글의 특정 문단을 드래그하면 ② [편집 메뉴]가 나타나고 여기에서 글의 폰트, 크기, 정렬, 굵기, 색상, 기울기 등을 편집할 수 있습니다.
③ 글 전체 정렬을 설정할 수 있습니다. ④ 포스팅 사이에 어울리는 스티커를 첨부할 수 있습니다. ⑤ 포스팅 중간에 저장을 터치하여 임시저장할 수 있으며 저장 버튼 오른쪽에 숫자를 터치하여 임시저장된 글을 불러올 수 있습니다. ⑥ 더보기 아이콘으로 화면 아래에 인용구, 구분선, 장소, 링크, 파일, 글감 등 다양한 추가 메뉴가 있습니다.

memo

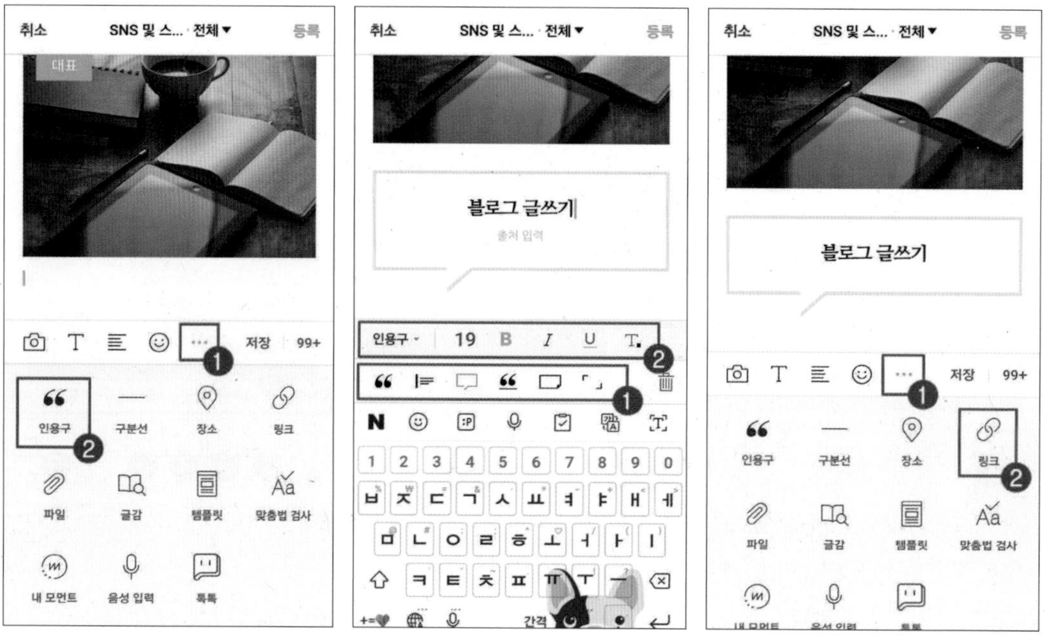

❶ ① [더보기] 아이콘을 터치한 화면입니다. ② 하단 더보기 메뉴 중 [인용구]를 터치합니다.
❷ ① 6가지 인용구 스타일 중 선택 후 편집할 수 있습니다. ② 인용구 글 편집 도구입니다.
❸ ① [더보기]를 터치하여 ② 메뉴 중 [링크]에서 지정한 글이나 사진에 링크를 삽입할 수 있습니다.

❶ 첨부할 URL 링크를 입력합니다. ❷ 링크를 입력 후 미리보기 화면을 확인 후 [확인]을 터치합니다. ❸ ① [더보기]를 터치하여 ② 메뉴 중 [글감]을 터치합니다.

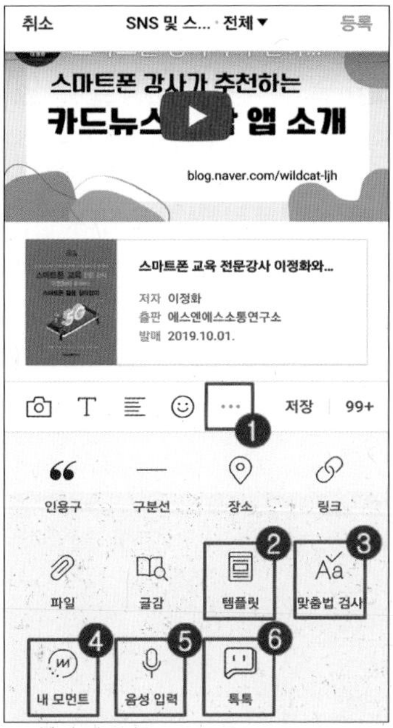

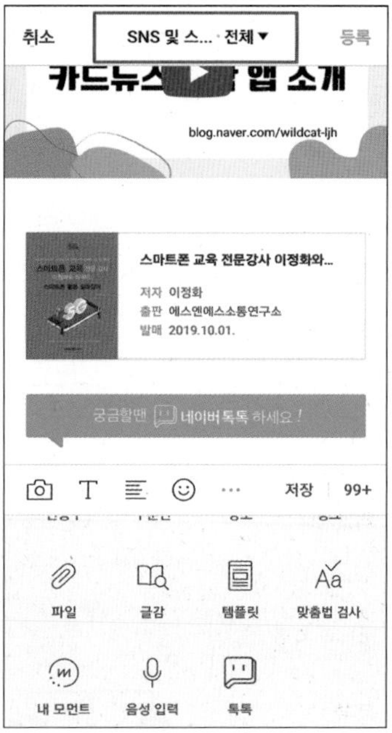

[글감]에서는 사진, 책, 영화, TV 방송, 공연, 음악 등 연관 글감을 추가할 수 있습니다. 추가하는 글감에 따라 주제 분류가 자동으로 변경됩니다.

1 ① 글감 메뉴 중 [책]을 터치합니다. ② 첨부할 책 제목을 키워드로 입력 후 ③ 검색을 터치합니다. ④ 원하는 글감을 선택합니다. **2** ① [더보기] 메뉴에서 포스팅에 첨부할 수 있는 추가 메뉴를 선택할 수 있습니다. ② [템플릿]에서는 블로그에서 가장 많이 사용되는 주제들로 글과 사진을 포함한 완성된 문서 전체가 제공됩니다. ③ 네이버에서 제공하는 [맞춤법 검사기]입니다. ④ 내가 등록한 모먼트를 포스팅에 첨부할 수 있습니다. ⑤ 음성으로 포스팅할 수 있습니다.
⑥ 네이버 톡톡 서비스가 신청되어 있다면 블로그 본문에 첨부하여 고객과 실시간으로 채팅 및 자료를 주고받을 수 있습니다. **3** 상단의 [발행 옵션]을 터치합니다.

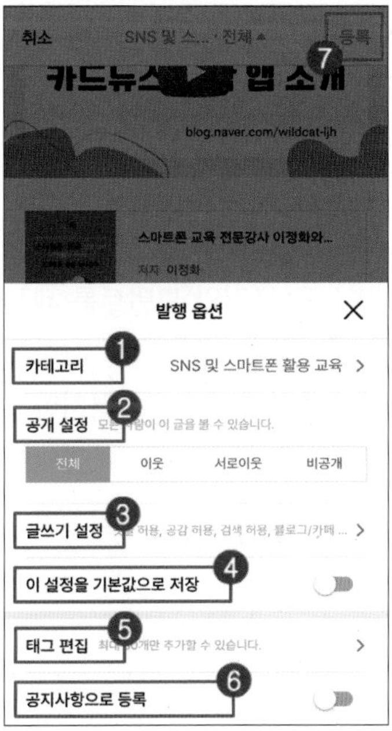

▶ 포스팅 마지막 단계에서 꼭 체크해야 할 [발행 옵션] 화면입니다.

① [카테고리]를 설정하여 글 발행 시 글 성격에 맞는 카테고리별로 분류합니다.

② [공개 설정] 글 공개 범위를 설정할 수 있습니다.

③ [글쓰기 설정] 댓글 허용, 공감 허용, 카페 공유, 외부 공유 허용 등을 설정할 수 있습니다.

④ [이 설정을 기본값으로 저장] 위에서 설정한 내용들을 기본값으로 저장할 수 있습니다.

⑤ [태그 편집] 핵심 키워드로 30개까지 추가할 수 있습니다.

⑥ [공지사항으로 등록] 블로그 홈 화면에 위치한 공지란에 등록하고 싶은 이벤트성 글을 등록할 수 있습니다.

⑦ [등록]을 터치하여 글 등록을 완료합니다.

▣ 네이버 블로그 모먼트

네이버 블로그 모먼트는 블로그 모바일 앱에서만 이용할 수 있는 서비스입니다. PC에서는 지원하지 않습니다. 간혹 스마트폰 버전 환경에 따라 차이가 있을 수 있습니다.

블로그 모먼트는 기본적으로 제공하는 템플릿을 활용하여 전문가 수준의 동영상 콘텐츠를 만들 수 있도록 도와주는 서비스입니다. 사용자들은 일부분 강조, 화려한 효과 추가, 자르기 및 자막 넣기 등 다양한 기능을 이용해 완성도 높은 동영상 콘텐츠를 손쉽게 제작할 수 있습니다.

블로그 모먼트는 자체적으로 월별 챌린지 프로그램도 진행합니다.

블로그 앱을 실행하면 [**이웃새글**] 화면 상단에 추천 모먼트가 보입니다.
❶ ① [**모먼트홈**]에서 지금 뜨고 있는 모먼트, 챌린지, 주제별로 인기 있는 모먼트를 확인할 수 있습니다. ② [**만들기**]를 터치합니다. ❷ 모먼트 에디터 화면입니다. ① 화면의 전면과 후면을 설정할 수 있습니다. ② 직접 동영상을 촬영하여 모먼트를 제작할 수 있고 ③ 직접 사진을 촬영하여 모먼트를 제작할 수 있으며 ④ 사진이나 동영상 촬영 시 12가지의 필터를 자유롭게 적용할 수 있습니다. ⑤ 촬영 버튼입니다. ⑥ 사용자 갤러리에서 사진이나 동영상을 불러와 모먼트를 제작할 수 있습니다. 갤러리 아이콘을 터치합니다. ❸ ① 모먼트 제작 도중 임시저장을 통해 저장된 모먼트를 확인할 수 있습니다. ② 화면에 최근 사진 순서대로 보입니다. [**최근 항목**]을 터치하면 앨범별로 지난 사진을 찾을 수 있습니다. ③ 모먼트 제작에 필요한 사진을 선택합니다. ④ 선택한 사진 숫자를 확인 후 [**확인**] 버튼을 터치합니다.

1 ① 선택한 사진을 좌우로 드래그하여 순서를 바꿀 수 있습니다. ② 사진을 손가락으로 줌인 줌아웃하여 사진의 크기도 조절할 수 있습니다. ③ 우측 편집 메뉴에서 [네이버 아이콘]을 터치합니다. 2 네이버에서 제공하는 다양한 스티커를 모먼트에 첨부할 수 있습니다. 장소를 예시로 첨부해 보겠습니다. 3 ① 장소 검색창에 장소명을 입력합니다. ② [검색]을 터치합니다. ③ 하단에서 내가 찾는 주소를 터치합니다.

1 편집 메뉴에서 [텍스트]를 터치합니다. 2 ① 원하는 텍스트를 입력 후 자유롭게 위치를 정할 수 있습니다. ② 좌우로 드래그하여 텍스트의 스타일을 선택할 수 있습니다. ③ 텍스트의 정렬, 색상, 투명도를 설정할 수 있습니다. ④ [확인]을 터치하여 다음으로 진행합니다.
3 편집 메뉴에서 [그리기] 아이콘을 터치합니다.

1 ① 그리기의 색상을 선택할 수 있습니다. ② 그리기의 글로우 효과와 굵기를 설정할 수 있습니다. ③ [확인]을 터치하여 다음으로 진행합니다. 2 편집 메뉴에서 [영상 자르기]를 터치합니다. 3 ① 영상 조절바를 좌우로 이동하여 원하는 길이의 영상을 설정할 수 있습니다. ② [확인]을 터치하여 다음으로 진행합니다.

1 편집 메뉴에서 [필터]를 터치합니다. 2 ① 사진에 밝기, 대비, 채도, 선명도, 색온도 등을 적용할 수 있으며 ② 사진에 필터 효과를 적용할 수 있습니다. ③ 스타일을 적용할 수 있습니다.
3 스타일을 터치한 화면입니다. ① 12가지의 스타일 중 원하는 스타일로 적용할 수 있으며
② 전체 사진에 스타일을 적용할 수도 있습니다. ③ [V]를 터치합니다.

1 [확인]을 터치하여 모든 편집을 완료합니다. 2 [다음]을 터치합니다.
3 ① 모먼트 영상에 맞는 설명과 태그를 입력합니다. ② 모먼트 영상을 모두가 볼 수 있도록 [전체공개]로 설정합니다. ③ [등록]을 터치하여 블로그 모먼트를 등록 완료합니다.

memo

▣ 네이버 블로그 통계

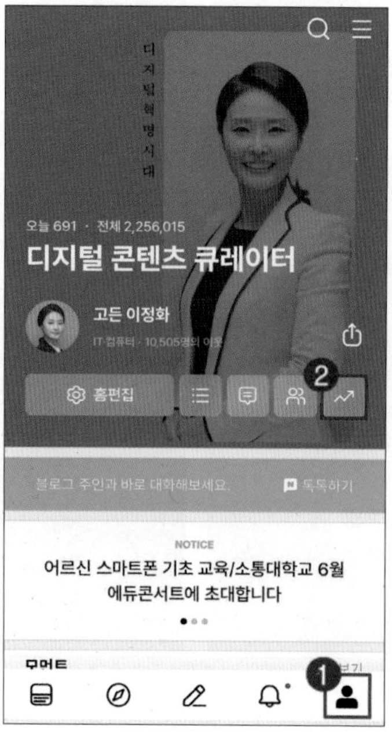

① 내 블로그를 터치하여 ② [통계]를 터치합니다.

네이버 블로그 통계는 블로그 운영에 매우 중요한 역할을 합니다. 이를 통해 블로그의 방문자 수, 방문자의 성별, 연령대, 지역별 정보를 파악할 수 있으며, 이를 활용하여 블로그의 방문자를 이해하고 관심사에 맞는 글을 작성할 수 있습니다. 또한 가장 인기 있는 글이나 방문자 유입 경로를 파악하여 블로그 운영 방법을 개선할 수 있습니다. 따라서 블로그 운영자는 통계를 꾸준히 분석하고 이를 활용하여 블로그를 효율적으로 운영해야 합니다.

memo

① [**방문분석**] 일간/주간/월간 단위로 내 블로그를 방문한 사용자의 통계 지표를 나타냅니다.

② [**조회수**] 해당 블로그를 방문한 사용자가 해당 블로그의 페이지를 열람한 총횟수를 의미합니다.

③ [**순방문자수**] 선택한 기간 동안 해당 블로그를 방문한 사용자 중에서 중복된 방문자를 제외한 유일한 방문자의 수를 말합니다.

④ [**방문횟수**] 선택한 기간 동안 해당 블로그를 방문한 총방문 횟수를 의미합니다. 이는 조회와는 상관없이 같은 사용자가 여러 번 방문한 경우 모두 포함됩니다.

⑤ [**평균방문횟수**] 선택한 기간 동안 전체 방문자 수를 전체 방문 횟수로 나눈 값입니다.

⑥ [**재방문율**] 선택한 기간 동안 해당 블로그를 방문한 사용자 중에서 적어도 2번 이상 방문한 사용자의 비율을 말합니다.

⑦ [**평균사용시간**] 선택한 기간 동안 사용자들이 해당 블로그에서 보낸 총시간을 전체 방문자 수로 나눈 값입니다. 사용자들이 블로그 콘텐츠에 얼마나 시간을 투자하고 머무는지를 나타내는 지표입니다.

memo

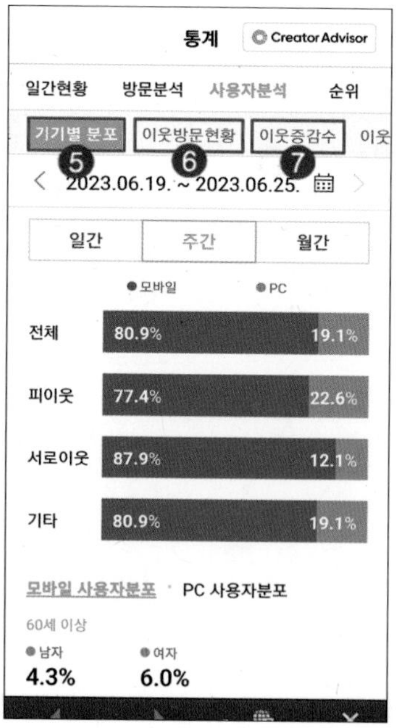

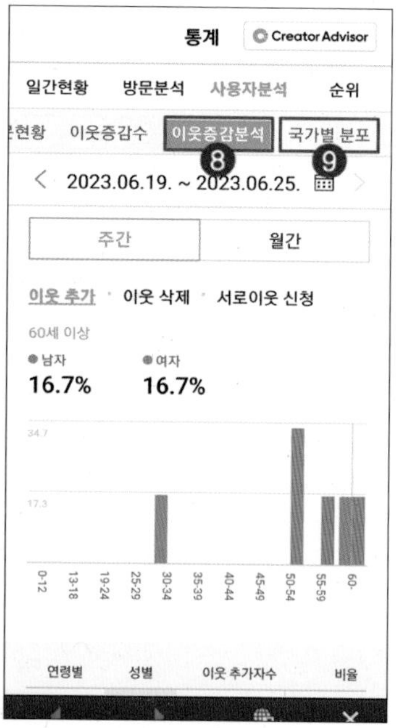

① [사용자분석] 일간/주간/월간 단위로 내 블로그에 유입되는 사람들이 어떤 경로를 통해서 들어왔는지를 나타냅니다.

② [유입분석] 선택한 기간 동안 해당 블로그로 유입된 방문자들의 유입 경로 및 행동을 분석하는 것을 말합니다. 즉, 내 블로그에 유입되는 사람들이 모바일 검색인지, PC 검색인지 구글을 통해 들어오는지 등 채널 유입 경로를 확인할 수 있습니다.

③ [시간대분석] 선택한 기간 동안 해당 블로그의 방문자들이 어떤 시간대에 블로그를 방문하는지를 분석하는 것을 말합니다. 이를 통해 블로그의 방문자들의 행동 패턴을 파악할 수 있습니다.

④ [성별연령별분포] 선택한 기간 동안 해당 블로그를 방문한 방문자들의 성별과 연령대별 분포를 의미합니다. 이를 통해 블로그의 주요 방문층이 누구인지를 파악할 수 있습니다.

⑤ [기기별 분포] 선택한 기간 동안 해당 블로그를 방문한 방문자들이 어떤 종류의 기기를 사용하여 접속했는지를 분석하는 것을 말합니다. 예를 들어, 블로그에 접속한 사용자들 중 몇 퍼센트가 스마트폰, 몇 퍼센트가 태블릿, 몇 퍼센트가 데스크톱 컴퓨터 등을 사용했는지를 알 수 있습니다.

⑥ [이웃방문현황] 해당 블로그와 이웃 관계를 맺은 블로그들에서 방문한 횟수와 방문자 수를 분석하는 것을 말합니다.

⑦ [이웃증감수] 선택한 기간 동안 해당 블로그의 이웃 블로그 수가 증가한 수와 감소한 수를 나타냅니다.

⑧ [이웃증감분석] 선택한 기간 동안 해당 블로그의 이웃 블로그 수가 어떻게 변화했는지를 분석하는 것을 말합니다.

⑨ [국가별 분포] 해당 블로그를 방문한 방문자들이 어느 국가에서 왔는지를 분석하는 것을 말합니다.

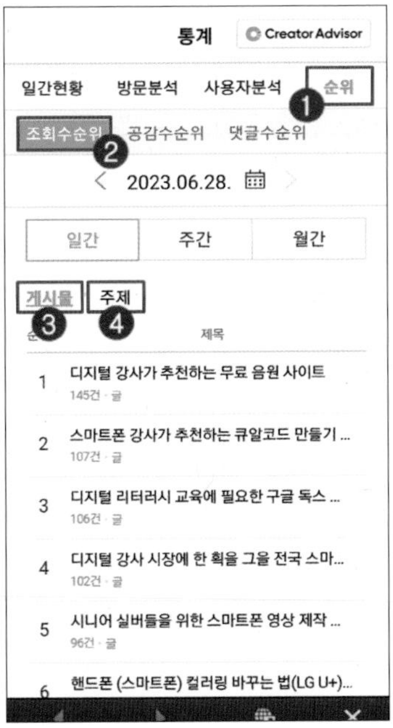

① [순위] 일간/주간/월간 단위로 내 블로그에서 조회가 가장 많이 된 게시물을 순서대로 100개까지 제공해 줍니다.
② [조회수순위] 해당 블로그의 게시물 중에서 조회 수가 가장 높은 순서대로 나열한 것을 말합니다.
③ [게시물] 주로 어떤 게시물이 상위 노출되고 있는지 확인할 수 있습니다.
④ [주제] 상위 노출되고 있는 게시물의 주제를 확인할 수 있습니다.
⑤ [공감수순위] 해당 블로그의 게시물 중에서 공감을 받은 수가 가장 많은 순서대로 나열한 것을 말합니다. 공감은 독자들이 게시물에 긍정적인 반응을 보인 것을 나타냅니다.
⑥ [댓글수순위] 해당 블로그의 게시물 중에서 가장 많은 댓글을 받은 순서대로 나열한 것을 말합니다. 댓글은 독자들이 게시물에 대한 의견이나 피드백을 남기는 것을 나타내며, 대화와 교류의 공간을 형성합니다.

memo

▣ 톡톡 파트터센터 가입

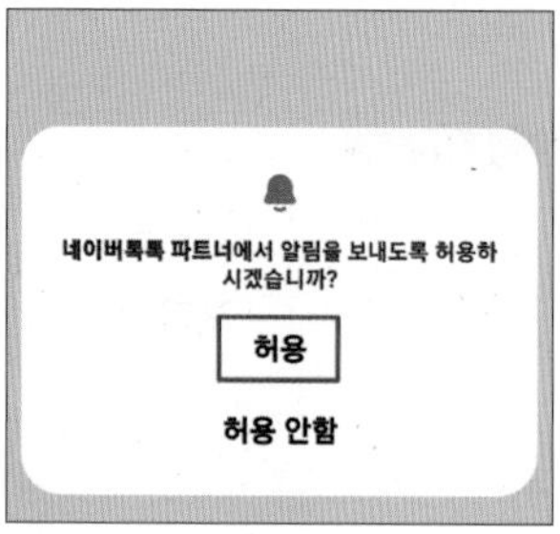

❶ 구글 플레이스토어에서 [네이버 톡톡 파트너센터]를 [설치], [열기]를 한 후 [알림]을 [허용]합니다. ❷ [파트너센터 시작하기]를 터치하고 ❸ [네이버 아이디로 로그인]을 터치합니다.

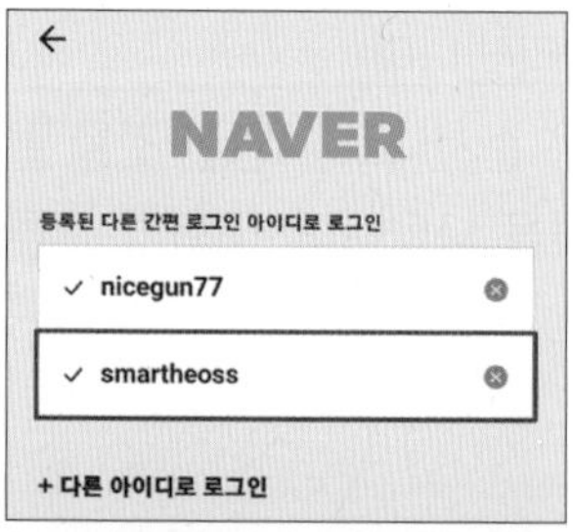

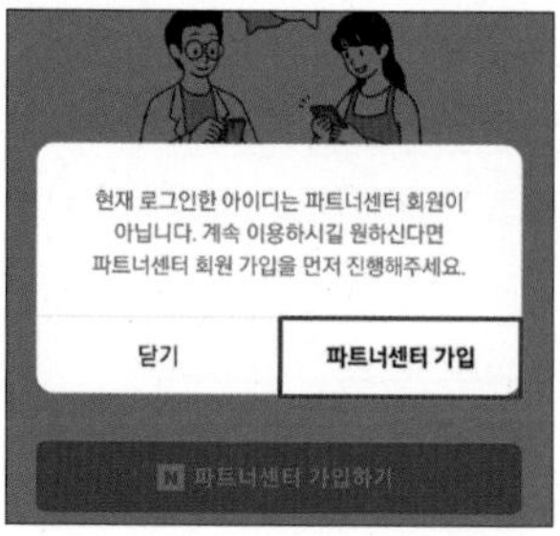

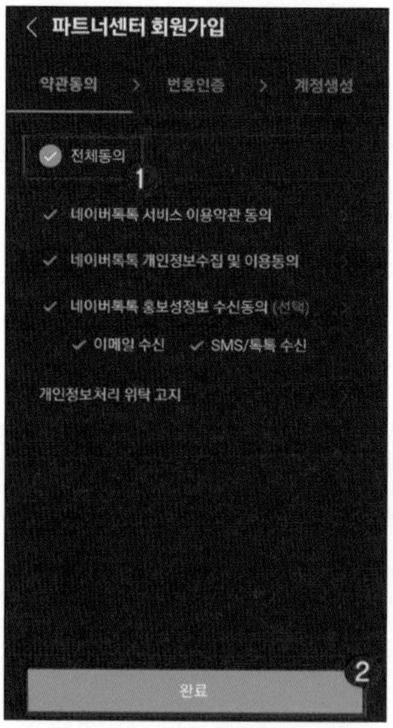

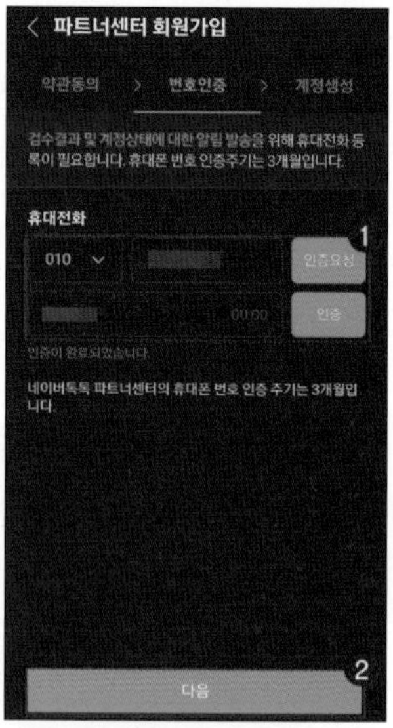

❶ [네이버 아이디]를 선택하면 [간편 로그인]을 할 수 있습니다. [파트너센터 회원]이 아니면 [파트너센터 가입]을 터치하여 가입을 진행합니다. ❷ [약관동의]에서 ① [전체동의] 후 ② [완료]를 터치합니다. ❸ [번호인증]에서 ① 휴대전화 번호를 입력하고 [인증요청] 후 [인증]을 한 후 ② [다음]을 터치합니다.

1 [톡톡계정 만들기]에서 서비스 연결 여부를 ① [연결안함]으로 하시고 ② [다음]을 터치합니다. 서비스 연결은 가입하고 해도 됩니다. **2** ① 계정대표 구분을 [개인]으로 터치하고 ② [다음]을 터치합니다. [사업자]로 바로 진행해도 됩니다. **3** [프로필 입력]에서 ① [필수]인 [프로필 이미지], [프로필명]을 입력합니다. 그 외에 [소개말, 홈페이지, 전화번호, 주소]도 입력할 수 있습니다. ② [사용신청]을 터치합니다.

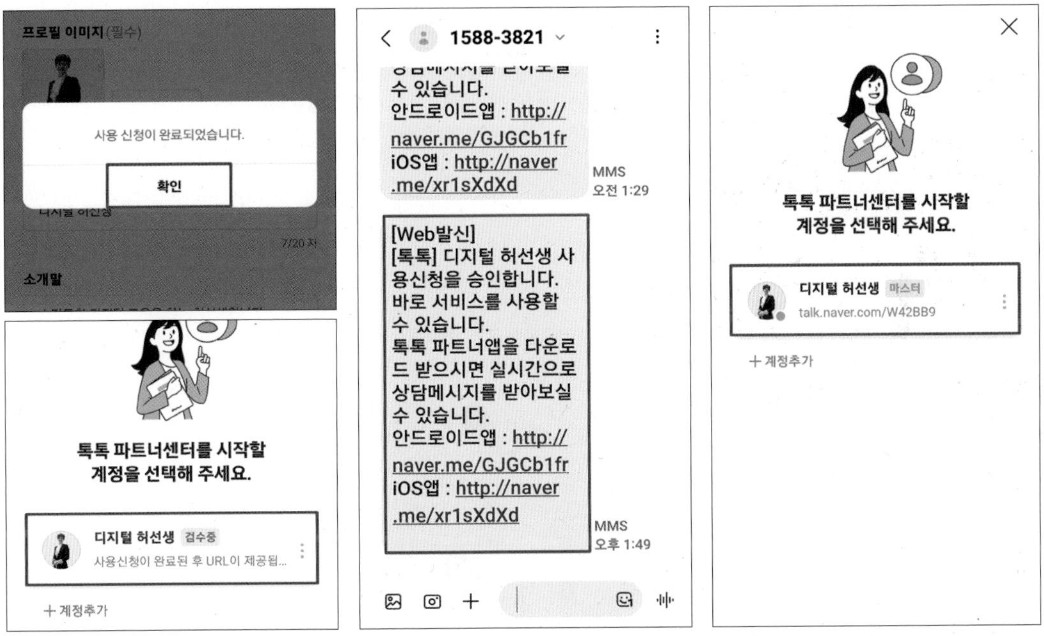

1 사용 신청이 완료되어 [확인]을 터치합니다. 톡톡 파트너센터 시작 화면에서 만든 계정이 [검수중]이라고 되어 있습니다. **2** [톡톡 파트너센터] 회원가입 검수가 완료되면 [문자]에서 승인을 확인할 수 있습니다. 보통 1일 이내에 승인이 납니다. **3** [톡톡 파트너센터 계정 리스트]에서 가입된 계정을 확인할 수 있습니다. [계정]을 터치하면 톡톡 모바일 홈 화면으로 이동합니다.

▣ 블로그(모바일)에 톡톡 연결하는 방법

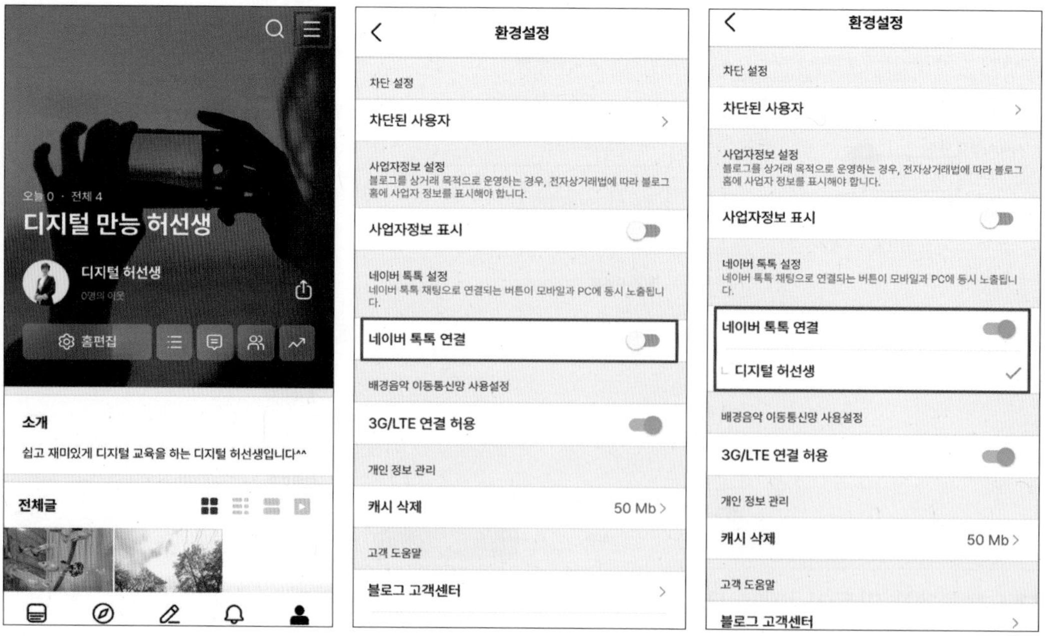

❶ [블로그 모바일 앱] 홈 화면에서 오른쪽 상단의 [줄 3개]를 터치합니다.
❷ [환경설정]에서 [네이버 톡톡 연결]을 찾습니다.
❸ [네이버 톡톡 연결]을 활성화하고 [톡톡 계정]을 터치합니다.

❶ [블로그 모바일 홈]에 [톡톡하기] 버튼이 보입니다. ❷ 블로그 게시글에서 ① [점 3개]를 터치하고 ② [톡톡 아이콘]을 터치하면 ❸ 게시글에 [톡톡 버튼]이 나타납니다. 게시글 어디든지 위치할 수 있습니다.

▣ 네이버 톡톡 파트너센터 홈 화면

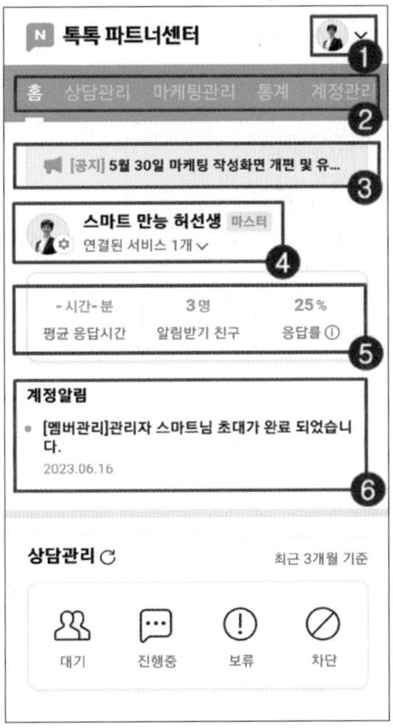

① [계정 리스트]에서 톡톡 계정을 [사용중지] 또는 [계정 삭제] 등 관리를 할 수 있고 [신규계정추가]도 가능합니다.
② 홈 상단 메뉴로 PC에서 관리하던 부분을 모바일에서도 쉽게 설정, 관리할 수 있습니다.
③ 파트너가 확인해야 할 [최신 공지사항]을 확인할 수 있습니다.
④ [계정 프로필] 및 나의 관리자 권한 및 연결 서비스를 확인할 수 있습니다.
⑤ [응대 현황 대표 대시보드]에서는 [평균 응답시간], [알림받기 친구], [응답률]을 바로 확인할 수 있습니다.
⑥ [계정알림]에서는 [서비스 연결], [해제], [관리자 초대] 등 계정 관련 알림을 확인할 수 있습니다.

1 ① [상담관리]에서는 상담 상태별 현황을 확인할 수 있습니다. ② [마케팅관리]에서는 월별 전송 가능 메시지 수, 보낸 메시지 클릭률을 확인 가능합니다. ③ [응대 주요 지표] 영역에서는 주요 지표 확인 가능, 각각 통계 탭에 있는 모듈로 연결되어 더욱 자세한 내용을 한눈에 확인이 가능합니다. **2** ① [공지사항]에서는 앱 관련 필요한 공지를 확인하고 이용이 가능하며 ② [이용안내]는 톡톡상담과 톡톡 고객센터 이용이 가능합니다. ③ [서비스 바로가기]에서는 톡톡 공식 블로그, 스마트 스토어센터, 스마트플레이스 센터로 바로 이동할 수 있습니다.

▣ 네이버 톡톡 파트너센터 고객 상담 관리

1 [톡톡 파트너센터] 홈에서 [상담관리]의 상태를 바로 확인할 수 있는데 [대기] 부분에 앱 배지가 있으면 [톡톡 대화 대기]가 있다는 것을 보여줍니다. **2** ① 세분화된 탭으로 효율적으로 확인, 관리가 가능하며 ② 대화리스트에서 [신규 대화]를 터치합니다. **3** 앱 알림을 설정했다면 문자로도 [톡톡 상담요청] 확인 가능합니다.

1 상담 채팅방에서 고객이 ① [종 아이콘]이나 ② [알림받기]를 터치하면 다양한 이벤트, 혜택을 알림 받을 수 있습니다. **2** ① [고객의 이름]을 터치하면 ② 고객이 나의 알림을 받는지 알 수도 있고 ③ [고객정보]를 태그관리, 메모하기, 닉네임 관리 등으로 정보를 입력할 수 있습니다. **3** 고객의 문의 사항을 체크합니다.

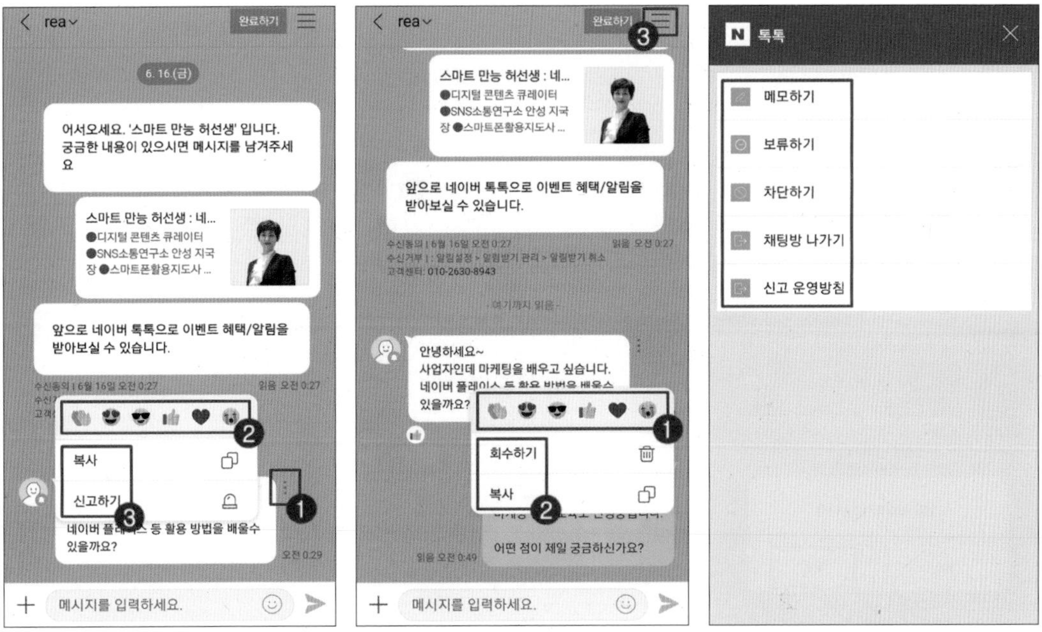

❶ ① 고객의 말풍선 옆 [점 3개]를 터치하면 ② [공감 스티커]가 있고 ③ [복사]를 하거나 부적절한 내용일 경우 [신고]할 수도 있습니다. ❷ 내 말풍선에서도 [점 3개]를 터치하면 ① 공감 스티커를 사용할 수 있고 ② 잘못 보낸 문자는 [회수하기]를 할 수 있고 복사도 됩니다. [회수 가능 기간은 일주일]입니다. ③ 대화방 오른쪽 상단의 [줄 3개]를 터치합니다. ❸ [메모, 보류, 차단, 채팅방 나가기, 신고 운영방침] 메뉴를 사용할 수 있습니다.

❶ 대화창 왼쪽의 [+]를 터치하면 [사진], [자주 쓰는 문구], [파일전송]을 이용해 고객에게 정보를 줄 수 있습니다. ❷ 상담을 할 때 [자주 쓰는 문구]를 입력해 놓으면 빠른 상담을 할 수 있습니다. [추가하기]를 터치합니다. ❸ 문구를 입력하고 [저장하기]를 터치합니다.

❶ 상담이 완료되었다면 오른쪽 상단의 [완료하기]를 터치하고 [확인]을 터치합니다. ❷ 상담 상태가 [완료됨]이 되었습니다. ❸ 상담관리 메뉴에서 ① [완료]를 터치하면 대기에 있던 상담리스트가 ② 완료로 이동되었습니다.

▣ 네이버 톡톡 파트너센터 계정 관리

❶ [톡톡 파트터센터] 홈 상단 메뉴 중 ① [계정관리]를 터치하고 ② [프로필 정보]에서 프로필 정보를 추가하거나 수정할 수 있습니다. ❷ ① [프로필 이미지]와 [프로필명]은 필수입니다. 특히 이미지는 고객에게 신뢰감을 주는 이미지가 좋습니다. ② 간단한 [소개말]도 작성합니다. [홈페이지], [전화], [주소]를 추가해서 입력할 수 있습니다. ③ 정보 수정이 완료되면 [저장]을 터치합니다. ❸ [상담 정보 설정]을 터치합니다.

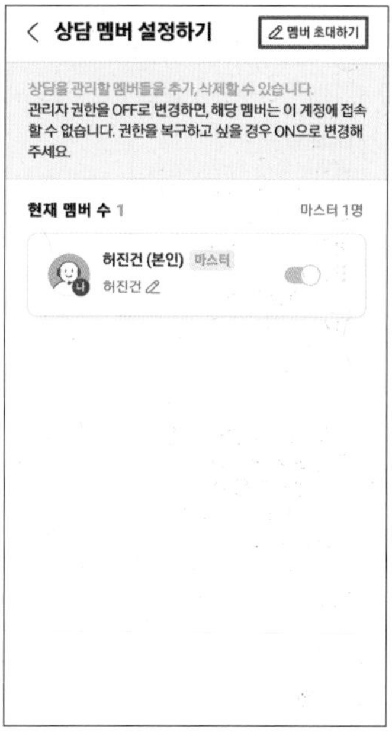

1 ① 응답하기 어렵다면 [부재중]으로 해야 [응답률]이 떨어지지 않습니다. ② [상담 기능 사용] 여부를 설정하며 ③ [상담 가능 요일]과 ④ [상담 가능 시간]을 설정해서 고객과의 소통을 원활하게 할 수 있고 ⑤ [부재중 메시지]를 입력해서 고객에게 안내할 수도 있습니다. ⑥ 설정이 완료되었으면 [저장]을 터치합니다. 2 [상담 멤버]를 추가해서 고객의 문의에 더 빠르게 대응할 수 있습니다. 3 [마스터 1명에 N명의 관리자]를 추가할 수 있습니다. [멤버 초대하기]를 터치합니다.

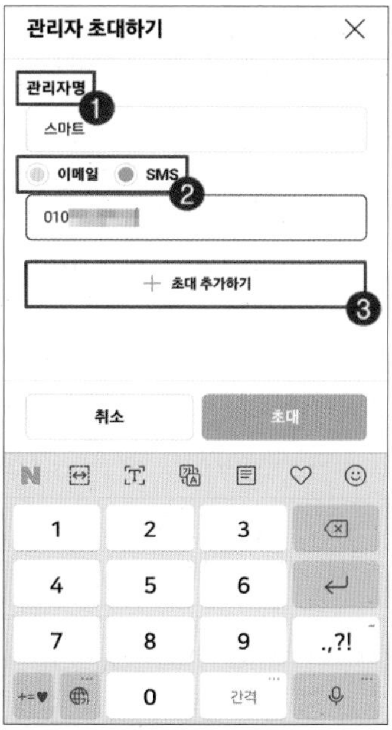

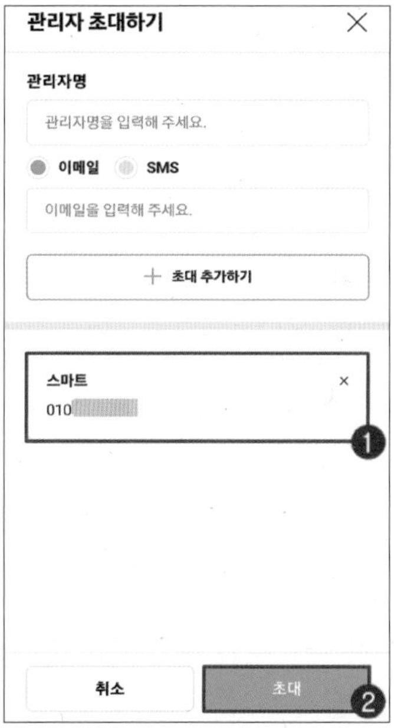

1 ① [관리자명]에서 이름을 입력하고 ② [이메일], [SMS]로 초대할 수 있는데 SMS로 하는 경우 전화번호를 입력합니다. ③ [초대 추가하기]를 터치합니다. 2 ① 초대할 관리자가 입력되었으면 ② [초대]를 터치합니다. 3 [초대 수락 대기 중]이라고 관리자 정보가 입력되어 있습니다.

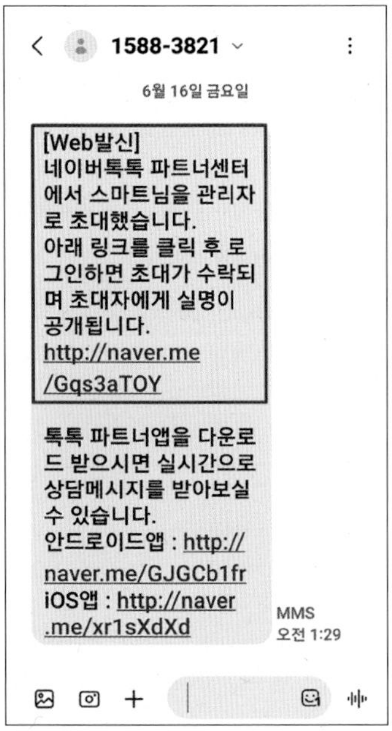

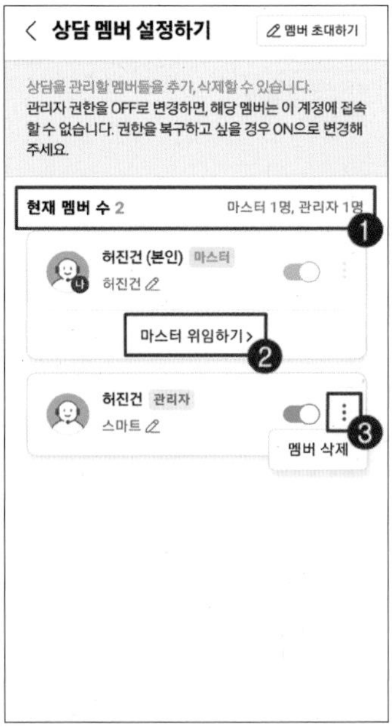

1 초대받은 관리자는 메시지로 [관리자 초대] 문자를 받습니다. **2** 수락을 하면 [관리자]라고 계정 리스트에 표시됩니다. **3** ① 현재 멤버 수를 확인할 수 있고 ② [마스터 위임하기]는 PC에서 [계정대표]를 [사업자 대표]로 변경 후 가능합니다. ③ [점 3개]를 터치하면 [멤버 삭제]가 가능하고 관리자 사용 여부도 선택할 수 있습니다.

1 [상담 알림 설정하기]에서 [톡톡 파트너앱 알림 수신]은 필수로 알림을 받아야 고객의 문의에 응대할 수 있습니다. 네이버 앱 알림 수신, 문자 알림 수신, 에티켓 시간 활성화를 설정할 수 있습니다. **2** ① [계정대표 정보] 변경은 PC에서 가능합니다. ② [계정 리스트]에서 전체 계정 리스트를 관리, [신규 계정 추가]를 할 수 있습니다. **3** 홈 메뉴 중 [통계]에서는 [응대 분석]을 필터 적용으로 [인입 상담 수]와 [상담이 몰리는 시간], [봇 응대 성공률], [보낸 메시지 클릭률]을 확인해서 효과적인 고객 응대 성공률을 높일 수 있습니다.

▣ 네이버 스마트플레이스 업체 등록 방법

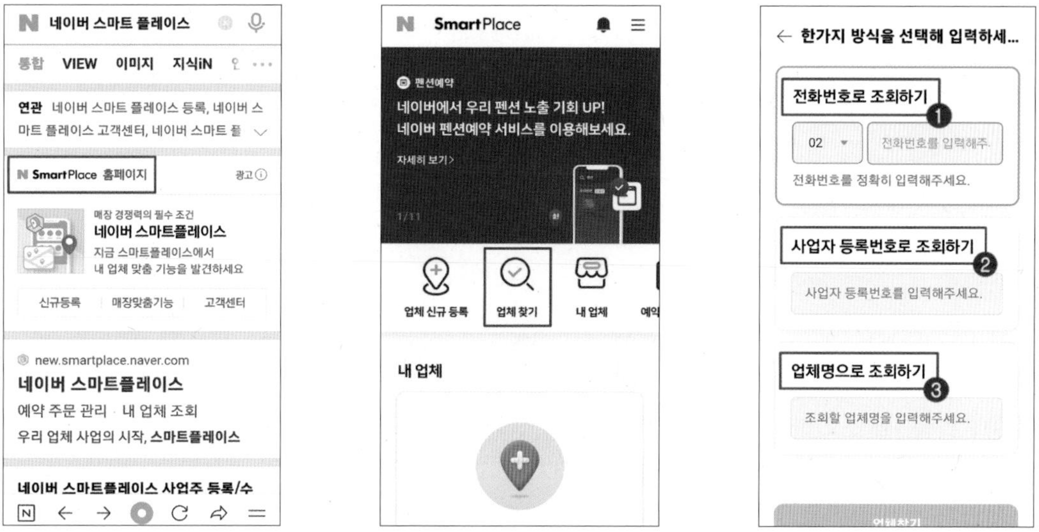

❶ [네이버 스마트플레이스]를 검색하고 [SmartPlace 홈페이지]를 터치합니다.
❷ 등록하기 전에 [업체 찾기]를 먼저 해야 합니다. [하나의 대표 번호]에 [한 업체만 등록]되기 때문에 [중복 등록 확인]을 반드시 해야 합니다.
❸ 조회는 ① [전화번호], ② [사업자 등록번호], ③ [업체명]으로 할 수 있습니다.

❶ ① 조회하신 정보로 등록된 업체가 있으면 ② [주인 권한 변경] 또는 [삭제 요청] 후에 업체 등록 신청을 할 수 있습니다. ❷ ① 등록된 업체가 없으면 ② [업체등록 시작]을 터치해서 등록을 시작합니다. ❸ 스마트플레이스 홈에서 ① [업체 신규 등록] 또는 하단의 ② [우리가게 업체 등록 시작]을 터치합니다.

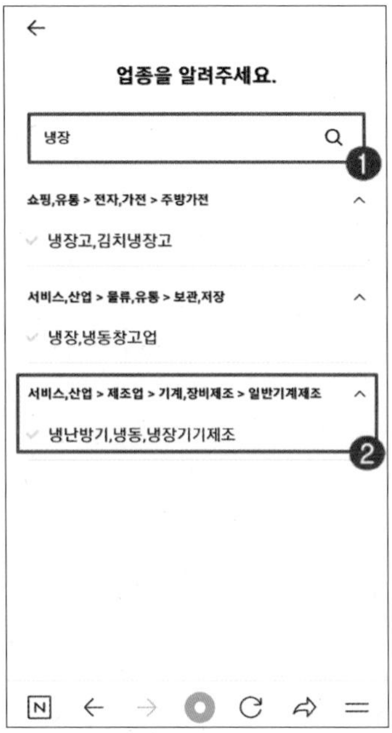

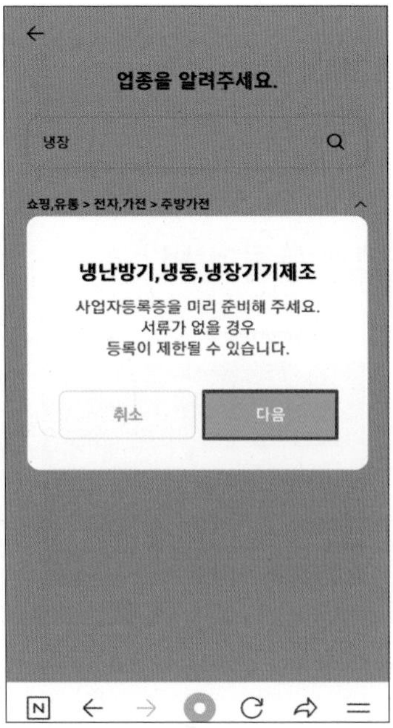

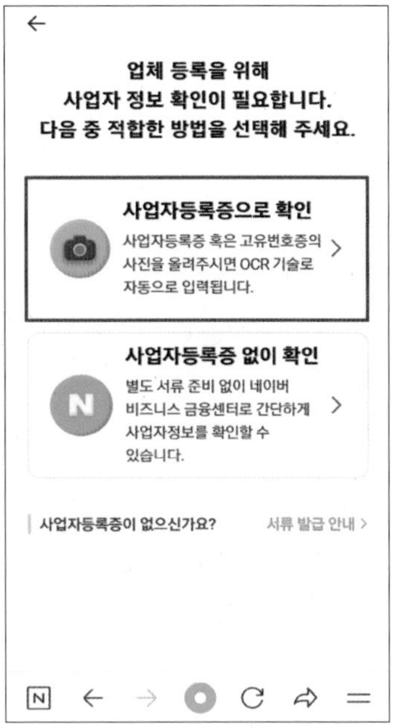

1 ① [업종]을 조회하여 ② 해당 업종 부분을 찾아서 터치합니다.
2 [사업자등록증]을 준비하고 [다음]을 터치합니다.
3 사업자 정보 확인을 위해 [사업자등록증으로 확인]을 터치합니다.

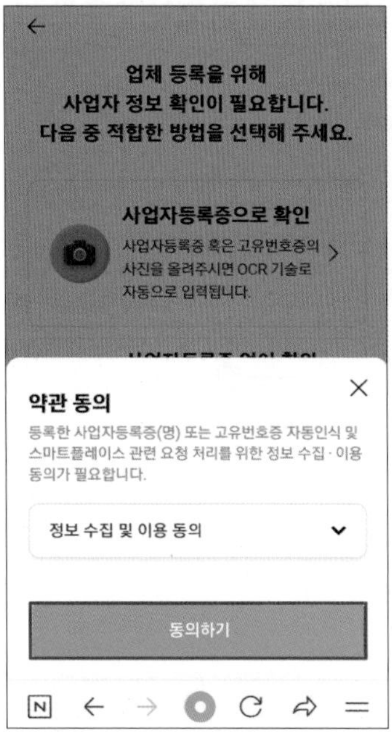

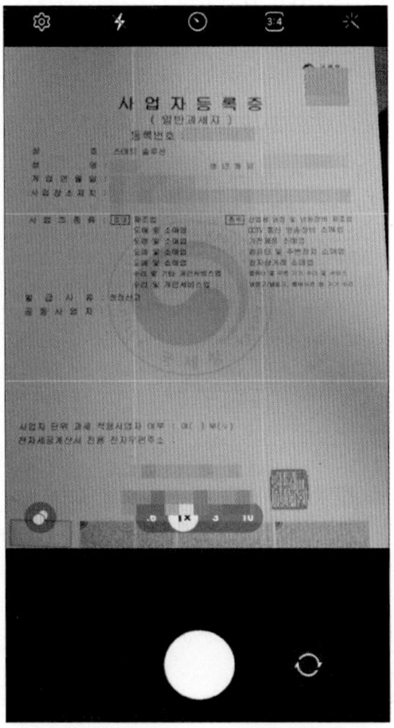

1 [약관 동의]를 확인하고 [동의하기]를 터치합니다.
2 [카메라]를 터치하여 사업자등록증을 바로 촬영합니다. [파일]로 확인해도 됩니다.
3 [사업자등록증]을 촬영 버튼을 터치하여 촬영합니다.

1 사업자등록증을 인식합니다. 2 인식된 사업자정보가 맞는지 확인합니다.
3 필수로 [전화번호]를 입력해서 [중복 업체 조회하기]를 해야 합니다.

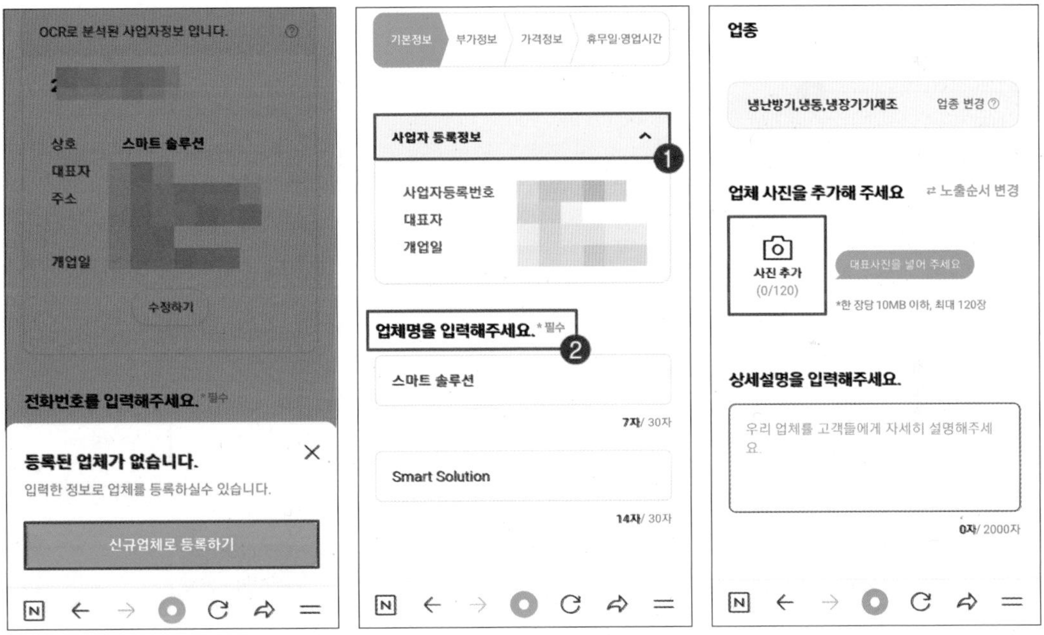

1 중복 업체가 없으면 [신규업체로 등록하기]를 터치하여 계속 진행을 합니다.
2 ① [사업자 등록정보]와 ② [업체명]을 입력합니다. 인식한 정보가 자동으로 입력되어 있습니다. 3 [업체 사진]을 추가합니다. 대표사진을 포함해 최대 120장까지 추가할 수 있습니다.

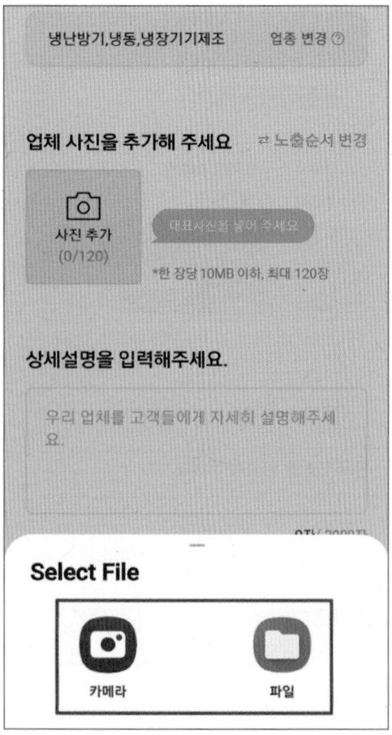

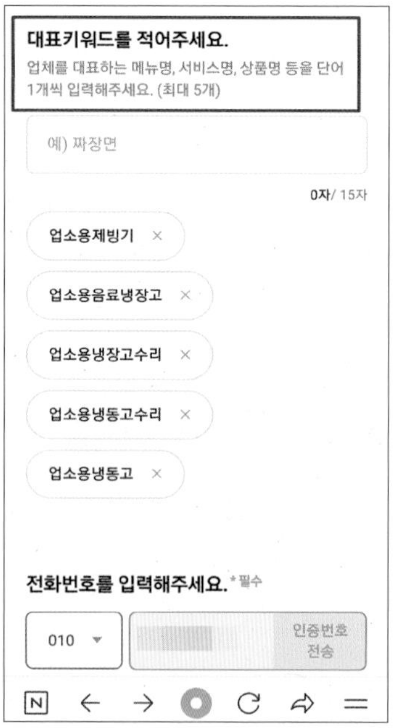

❶ [카메라]로 바로 촬영을 하거나 [파일]에서 사진 파일을 불러옵니다.
❷ ① 첨부한 사진을 [노출순서 변경]으로 보이는 사진 순서를 변경합니다. ② 업체에 대한 설명을 [상세설명]에 입력합니다. ❸ 업체를 검색할 때 사용하는 [대표키워드]를 입력합니다. 최대 5개까지 가능하며 [서비스명], [상품명]을 입력합니다.

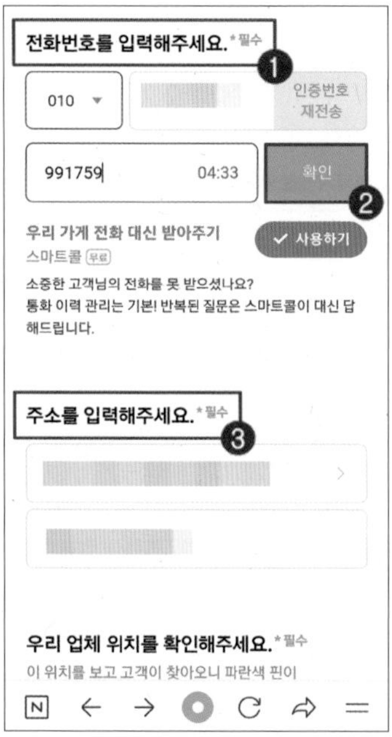

❶ ① [업체 전화번호]를 입력하고 [인증번호]를 입력 후 ② [확인]을 터치합니다. ③ [주소]를 입력하는데 사업자, 업체 주소가 다를 경우 [업체 주소]를 입력합니다. ❷ ① [업체 위치]가 지도에 맞는지 확인합니다. 다를 경우 지도를 움직여 위치 조정이 가능합니다. ② [찾아오는 길 설명]이 필요한 경우 입력합니다. ❸ ① [이메일, 전화번호]를 확인하고 ② [알림 받기]를 설정해서 스마트플레이스의 중요한 정보를 제공 받을 수 있습니다. ③ [다음]을 터치합니다.

업체 등록이 신청되었습니다.
입력하신 업체정보는 확인과정을 거쳐 최대 5일 내에 반영됩니다.
고객이 업체를 잘 이해할 수 있도록 나머지 정보도 이어서 입력해주세요.
추가정보 입력하기
플레이스에 등록되었습니다!
입력하신 정보는 확인 과정을 거쳐 최대 하루 이내에 네이버 검색, 지도, 스마트어라운드 등에 노출됩니다.
네이버에서는 업체 등록 관련하여 절대 전화를 하지 않습니다. 플레이스 상위 노출, 블로그 마케팅 등 을 제안하며,금전계약을 요구하는 전화 를 받지 않도록 주의해주세요.
다음
플레이스에 등록되었습니다!
입력하신 정보는 확인 과정을 거쳐 최대 하루 이내에 네이버 검색, 지도, 스마트어라운드 등에 노출됩니다.
네이버와 전혀 관련이 없는 업체들 이 실제 효과가 확인되지 않는 상품을 소개하는 경우가 많으니 주의를 부탁드립니다.
확인

1 ① [업체 등록 신청]이 완료되었으며 [최대 5일]의 [검수 기간]이 걸릴 수 있습니다. ② [추가정보 입력하기]를 터치합니다. **2** 등록 후 안내 사항을 확인합니다. 금전을 요구하는 전화를 주의해야 하며 [다음]을 터치합니다. **3** 실제 효과가 다른 상품을 소개하는 경우가 있으니 주의해야 합니다. [확인]을 터치합니다.

SmartPlace
등록 대기
스마트 솔루션 -업소용 냉장, 냉동고,제빙기 AS 판매
홈 업체정보 예약 스마트콜 리뷰
정보 수정
등록 검토중입니다.
검토는 최대 5일 소요됩니다.
등록 취소하기
온라인으로 예약받기
스마트 플레이스 검토결과 안내 메일입니다.
보낸사람 네이버 스마트플레이스 <na...
2023년 6월 16일 (금) 오후 12:22
메일 본문의 글자가 더 잘 보이도록 해드려요.
스마트 플레이스 등록이 완료되었습니다.
스마트솔루션
관련도순 · 거리순
스마트솔루션
냉난방기,냉동,냉장기기제조
오늘 휴무 · 매주 토요일 휴무
전화 길찾기 공유
스마트솔루션
항공기,우주선,부품제조
24시간 영업 · 연중무휴
39km 청주 청원구 오창읍
스마트솔루션
소프트웨어개발
오늘 휴무 · 매주 토요일 휴무
45km 성남 분당구 삼평동

1 [내 플레이스 홈]에 [등록 검토중]이라는 알림이 있습니다. **2** ① 검수가 완료되면 최대 5일 안에 ② [스마트플레이스 등록 완료] 안내 메일이 수신됩니다. 보류가 된 경우 정보를 보완하여 [등록 보류 재검토] 요청을 해야합니다. **3** 네이버 앱 검색창에 [업체 이름]을 검색하면 등록된 업체가 검색이 됩니다.

▣ 내 스마트플레이스 홈 화면

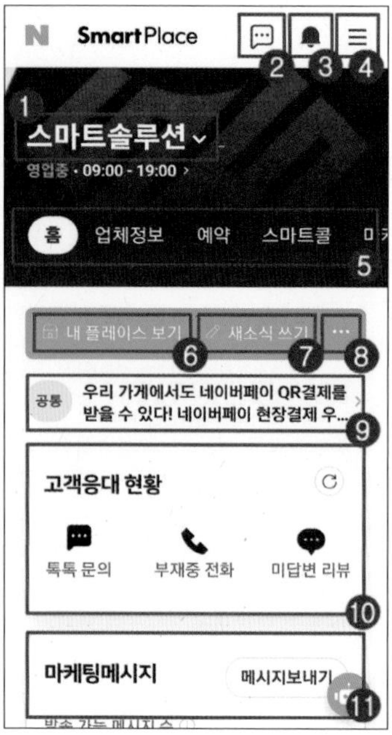

▶ ① [업체명]을 터치하면 등록된 업체를 각각 확인, 관리
② [네이버 톡톡 파트너센터]로 연결되어 바로 관리 가능
③ [알림] 스마트콜, 톡톡, 플레이스, 예약, 주문, 리뷰 알림
④ [≡] 권한관리, 알림 설정 등 내 플레이스 이용 안내
⑤ [홈 탭] 업체정보, 예약, 스마트콜, 마케팅, 리뷰, 통계, 운영도구, 비즈니스 스쿨, 금융지원을 편리하게 확인 가능
⑥ [내 플레이스 보기] 검색 결과에 나오는 내 업체 확인
⑦ [새소식 쓰기] 임시휴무, 이벤트, 세일 등 고객들에게 알릴 수 있는 내용을 입력할 수 있습니다.
⑧ [···] 정보수정, 업체사진 등록, 주인 권한 위임, 업체 삭제 바로가기 메뉴
⑨ [공지사항] 스마트플레이스의 주요 공지사항 안내
⑩ [고객응대 현황] 응대가 필요한 고객 관리
⑪ [마케팅메시지] 고객들에게 한꺼번에 마케팅메시지를 보낼 수 있는 기능
그 외 [최근 트렌드] 통계와 [새소식], [우리가게 리뷰]로 업체 관리를 할 수 있습니다.

▣ 업체 정보 추가 입력(휴무일 지정)

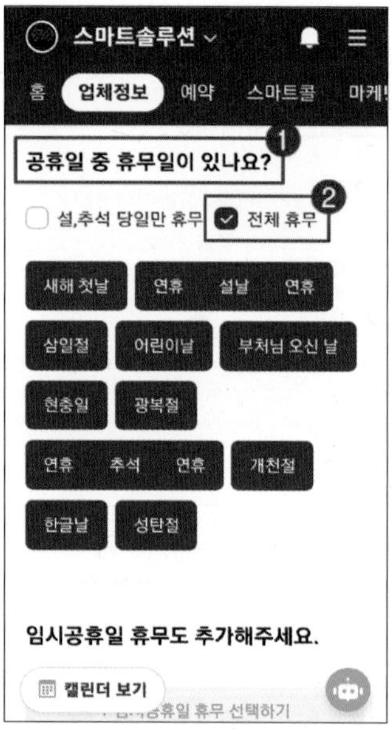

1 홈 탭 메뉴 중 ① [업체정보]에서 부가정보, 가격정보를 입력할 수 있는데 ② [휴무일·영업시간]에서 ③ [휴무일], ④ [정기 휴무일], ⑤ [공휴일 중 휴무일] 등 자세하게 설정할 수 있습니다. 2 예로 ① [공휴일 중 휴무일]에서 ② [전체 휴무]를 선택합니다. 업종에 따라 공휴일·휴무일을 직접 선택할 수 있습니다. 3 ① 해당되는 [임시 공휴일 중 휴무일]을 선택합니다. ② [저장하기]를 터치해서 설정을 마무리합니다. 언제든지 수정할 수 있습니다.

▣ 스마트콜 가입, 알림받기 - 네이버를 통해 업체에 전화를 거는 고객을 분석해주는 서비스

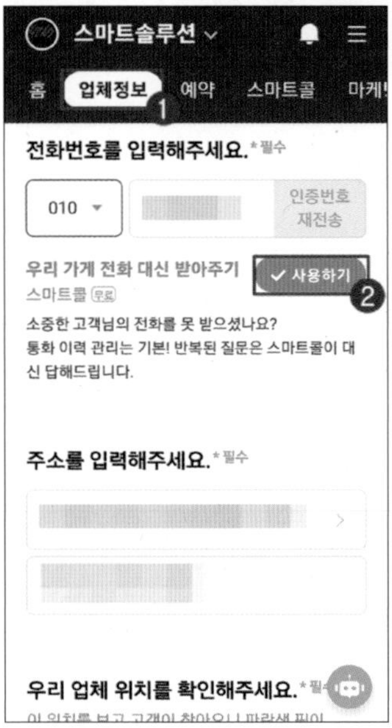

1 ① [업체정보]에서 전화번호 입력하는 부분에서 ② [사용하기]를 해도 [스마트콜] 가입을 할 수 있고 2 홈 탭의 ① [운영도구]에서 ② [고객응대] 메뉴의 ③ [스마트콜 사용하기]를 터치하고 3 [약관 동의]를 확인하고 [동의하기]를 터치하면 신청이 됩니다.

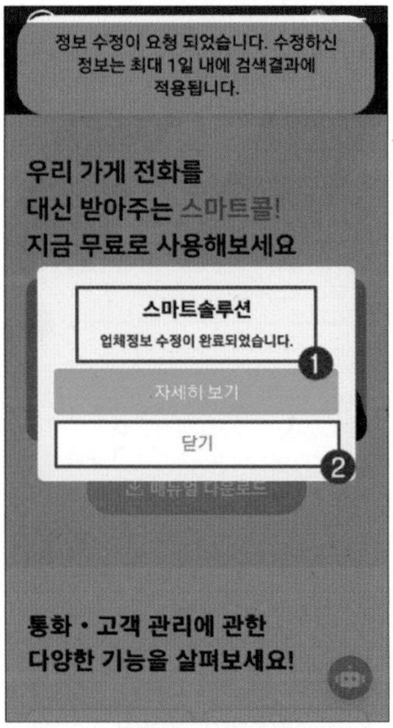

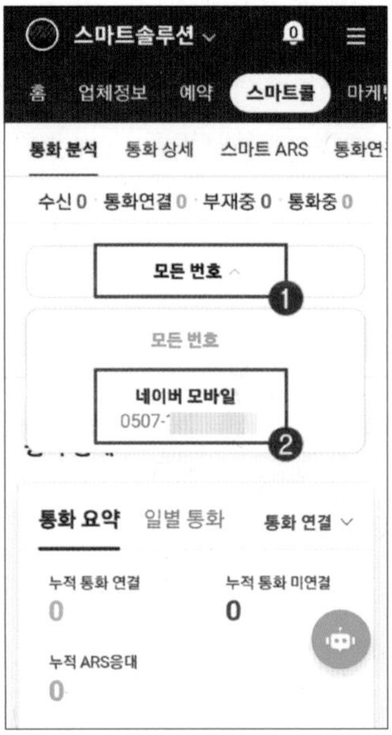

1 ① 스마트콜 신청으로 업체정보 수정이 완료되었습니다. ② [닫기]를 터치합니다. 검색결과에는 최대 1일이 소요됩니다. 2 [업체정보]에서 [스마트콜 사용중]으로 수정이 되어 있고 내 플레이스 홈 화면에 [고객응대 현황]에 [스마트콜 연결] 부분이 [부재중 전화]로 변경되어 활성화되었습니다. 3 홈 탭의 [스마트콜] 메뉴에서 ① [모든 번호]를 터치하면 ② [0507]로 시작하는 [네이버 모바일] 번호를 확인할 수 있습니다.

❶ 검색창에서 업체를 검색하면 ① 업체 전화번호가 [스마트콜 번호]로 변경되어 있습니다. ② 업체의 이벤트, 혜택을 알림 받으려면 [알림받기]를 터치합니다. ❷ [알림받기 동의]를 하면 고객은 해당 업체의 알림을 받을 수 있습니다. ❸ [알림받는중]으로 변경되었습니다.

▣ 스마트 ARS - 고객이 자주 묻는 질문을 ARS가 자동으로 안내하여 고객응대시간을 줄일 수 있어 가게 관리와 운영을 편리하게 해주는 서비스

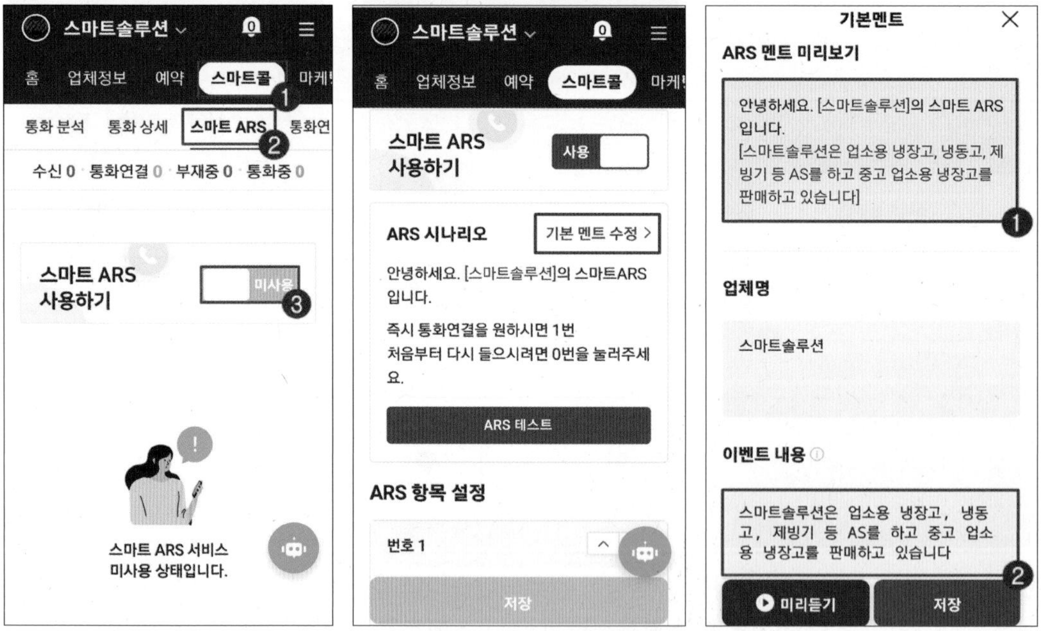

❶ 홈 탭의 ① [스마트콜]에서 ② [스마트 ARS]의 ③ [미사용]을 터치해서 [사용]으로 변경합니다. ❷ 스마트 ARS [기본 멘트 수정]을 터치합니다. ❸ ① 입력한 ARS 멘트를 [미리보기]를 통해 확인하면서 수정할 수 있습니다. ② 내 업체에 맞는 멘트를 입력합니다.

기본멘트
업체명
스마트솔루션
이벤트 내용
스마트솔루션은 업소용 냉장고, 냉동고, 제빙기 등 AS를 하고 중고 업소용 냉장고를 판매하고 있습니다
배경음 설정
사용
평화로운 음악3
미리듣기
저장
스마트솔루션
홈
업체정보
예약
스마트콜
ARS 항목 설정
번호 1
통화 연결
ON
통화 연결합니다.
번호 2
영업 시간 수정 >
영업시간은 평일 오전 10시 부터 오후 7시 30분 까지이며, 휴일은 오후 1시 부터 오후 10시 까지 입니다. 통화연결을 원하시면 1번을 눌러주세요.
저장
ARS 항목 설정
번호 1
영업 시간 수정 >
ON
영업시간은 평일 오전 10시 부터 오후 7시 30분 까지이며, 휴일은 오후 1시 부터 오후 10시 까지 입니다. 통화연결을 원하시면 1번을 눌러주세요.
번호 2
통화 연결
ON
통화 연결합니다.
저장

1 ① [배경음 설정]을 [사용]으로 하고 ② 음악을 터치하여 들어보고 선택합니다. [미리듣기]를 하여 들어보고 ③ [저장]을 터치합니다. **2** ① [ARS 항목 설정]에서 ② [통화 연결], ③ [영업 시간], [예약 정보, 매장 위치, 주차 안내] 등 고객들이 많이 질문하는 항목들에 대한 멘트를 입력할 수 있습니다. ④ 항목 순서를 바꿀 수 있습니다. **3** [영업 시간]을 안내하려면 [수정]을 터치합니다.

영업 시간
영업 시간
연중 무휴
평일 영업
영업 시간
09:00
19:00
평일 휴무
공휴일 영업
공휴일 휴무
예외사항
고객님 업소의 영업 시간에 따라 AS 방문 영업시간 변동이 있을 수 있습니다.
43/80
미리듣기
저장
스마트솔루션
ARS 항목 설정
번호 1
영업 시간 수정 >
ON
영업시간은 평일 오전 9시 부터 오후 7시 까지이며, 휴일은 영업하지 않습니다. 고객님 업소의 영업 시간에 따라 AS 방문 영업 시간 변동이 있을 수 있습니다. 통화연결을 원하시면 1번을 눌러주세요.
번호 2
통화 연결
ON
통화 연결합니다.
저장
스마트 ARS 사용하기
사용
ARS 시나리오
기본 멘트 수정 >
안녕하세요. [스마트솔루션]의 스마트ARS 입니다.
스마트솔루션은 업소용 냉장고, 냉동고, 제빙기 등 AS 전문이며 중고 업소용냉장고를 판매하고 있습니다. 전화연결이 안될 경우 문자를 남겨주세요.
영업시간 정보를 들으시려면 1번
즉시 통화연결을 원하시면 2번
처음부터 다시 들으시려면 0번을 눌러주세요.
ARS 테스트
저장

1 ① [평일 영업]에서 ② 영업 시간을 선택하고 휴무도 체크합니다. ③ [공휴일 휴무] 부분도 선택합니다. ④ 고객들에게 알릴 [예외사항]이 있으면 입력하고 ⑤ [저장]을 터치합니다. **2** ① [영업 시간 멘트]를 확인하고 ② [저장]을 터치합니다. **3** [ARS 시나리오]를 최종적으로 확인하고 [ARS 테스트]를 해서 확인합니다. [스마트 ARS 시나리오]는 언제든지 수정할 수 있습니다.

▣ 통화연결음 - 업체를 홍보할 수 있는 음성 문구를 제공하는 서비스

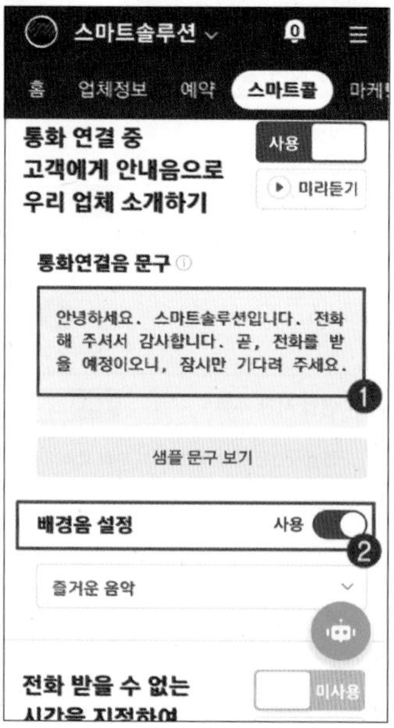

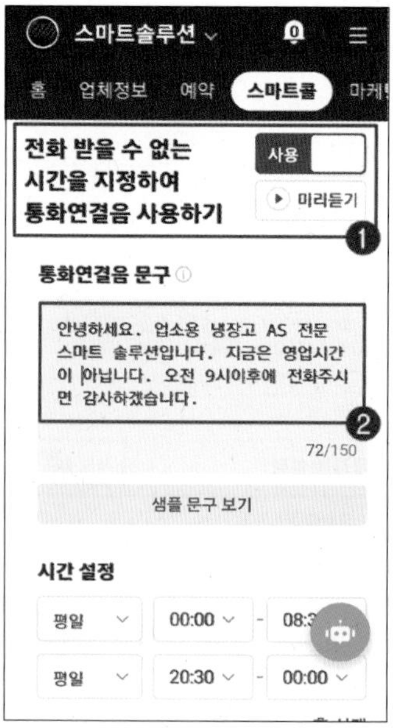

❶ ① [통화연결음] 메뉴에서 ② [미사용]을 터치하고 ❷ ① [통화연결음 문구]를 입력합니다. ② [배경음 설정]을 사용으로 하고 배경음을 선택합니다. ❸ ① [전화 받을 수 없는 시간 통화연결음]을 사용으로 하고 ② [통화연결음] 문구를 입력해서 부재중일 때 고객에게 알려줄 수 있습니다.

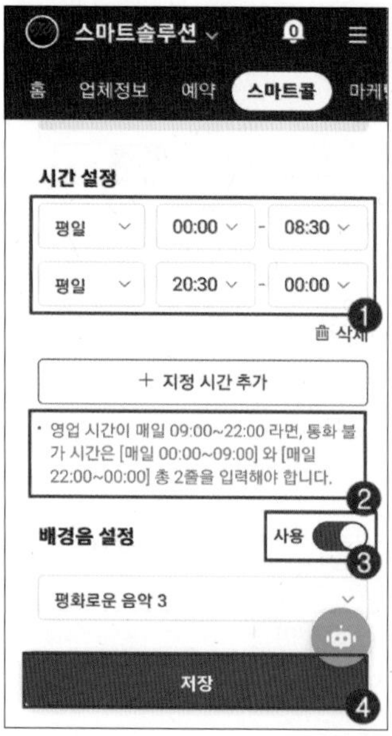

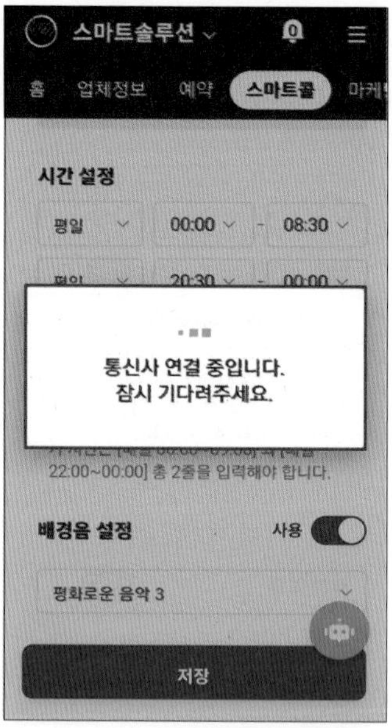

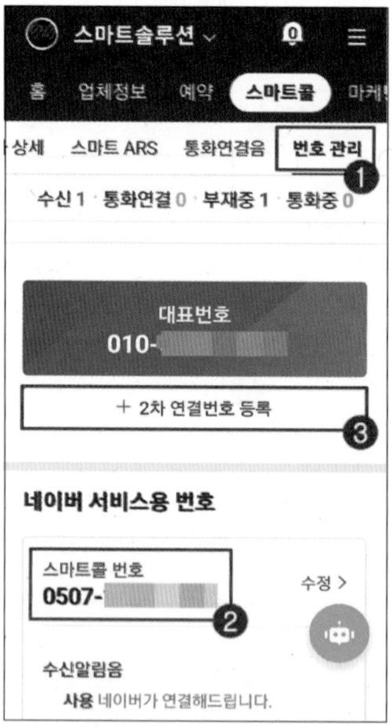

❶ ① [부재중 시간 설정]을 하는데 ② [통화 불가 시간] 설정 시 [유의사항]을 꼭 확인하고 설정합니다. ③ 배경음 설정을 [사용]으로 하고 배경음 종류를 선택합니다. ④ [저장]을 터치합니다. ❷ 통신사에 바로 반영이 되어 서비스를 바로 사용할 수 있습니다. ❸ ① [번호 관리]에서 ② 내 번호를 확인할 수 있고 ③ [2차 연결번호 등록]을 하면 주 번호로 전화를 못 받으면 2차 번호로 연결하는 서비스를 이용할 수 있습니다.

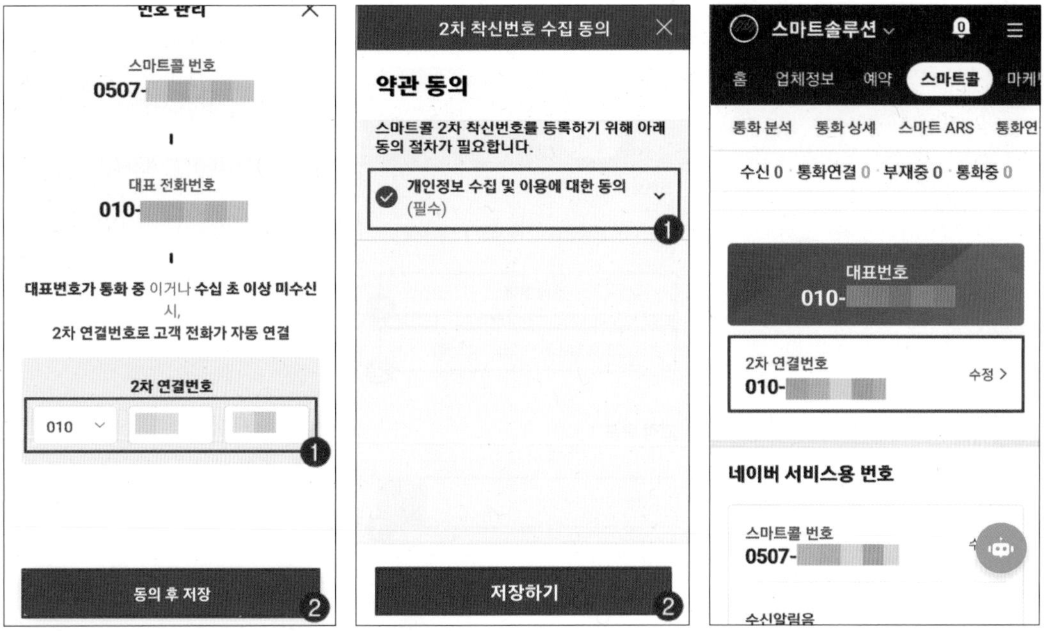

1 ① [2차 연결번호]를 입력한 후 ② [동의 후 저장]을 합니다. 2 ① [약관 동의]를 확인한 후 ② [저장하기]를 터치합니다. 3 [2차 연결번호]를 확인할 수 있습니다.

1 ① [네이버 외 매체용 번호]는 타 매체용 전화번호 발급을 통해 [광고 효과를 측정]할 수 있고 어느 매체에서 전화가 가장 많이 왔는지 확인이 가능하기 때문에 [마케팅 전략]을 수립할 수 있습니다. ② [번호 추가]를 터치합니다. 2 ① [매체명]을 입력하고 ② [매체 종류]를 선택합니다. ③ 매체에 대한 [정보]를 입력하고 ④ [저장]을 터치합니다. 3 [추가된 매체 번호]가 생성되었습니다.

▣ 스마트콜 통화 고객 전화번호 확인하는 방법

1 ① [통화 상세]의 ② [통화 이력]을 [번호]마다 기간에 따라 [통화 목록]에서 ③ [고객 번호]를 조회할 수 있습니다. **2** 홈 탭의 [고객] 메뉴에서 ① [전체 고객]을 터치하고 ② 조회할 기간을 설정합니다. ③ 조회 기간 내의 고객을 조회할 수 있습니다. ④ 전화번호를 확인할 고객을 터치합니다. **3** [번호 조회]를 터치합니다.

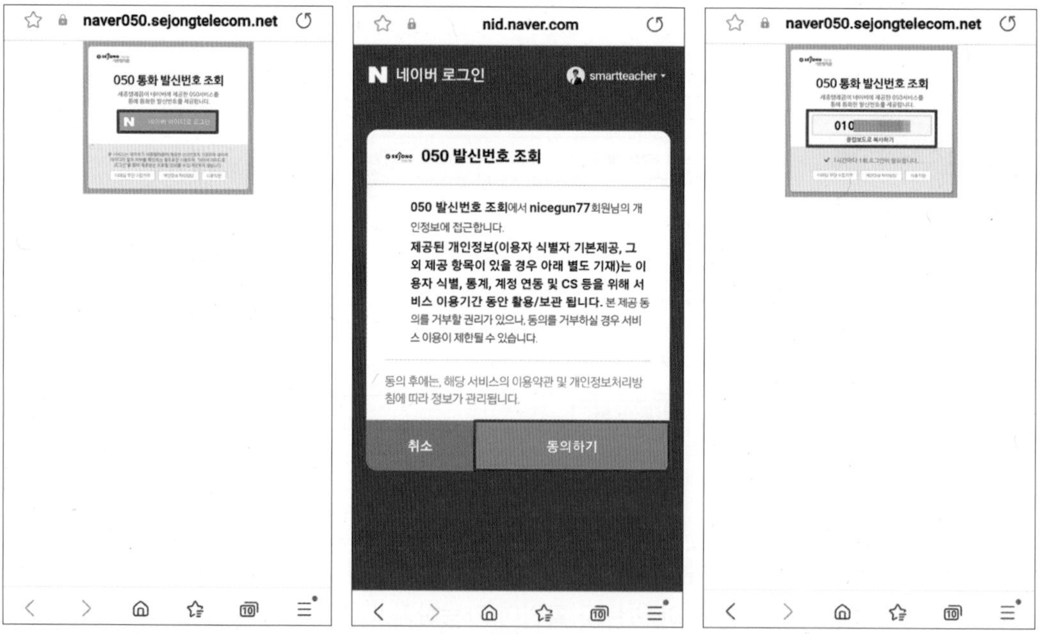

1 [네이버 아이디로 로그인]을 터치합니다. **2** [동의하기]를 터치합니다. **3** [050 통화 발신번호 조회]를 통해 [고객 번호 확인]을 할 수 있습니다. [1시간마다 1회 로그인]이 필요하며 번호를 복사하여 고객관리에 활용할 수 있습니다.

▣ 네이버 톡톡 연결, 플레이스 홈 탭 메뉴

1 홈 탭의 ① [운영도구]의 ② [고객응대] 메뉴에서 ③ [톡톡 사용하기]를 터치합니다.
2 연결할 [톡톡 계정]을 터치합니다. 네이버 톡톡에서 먼저 계정을 만들어야 합니다.
3 [확인]을 터치합니다.

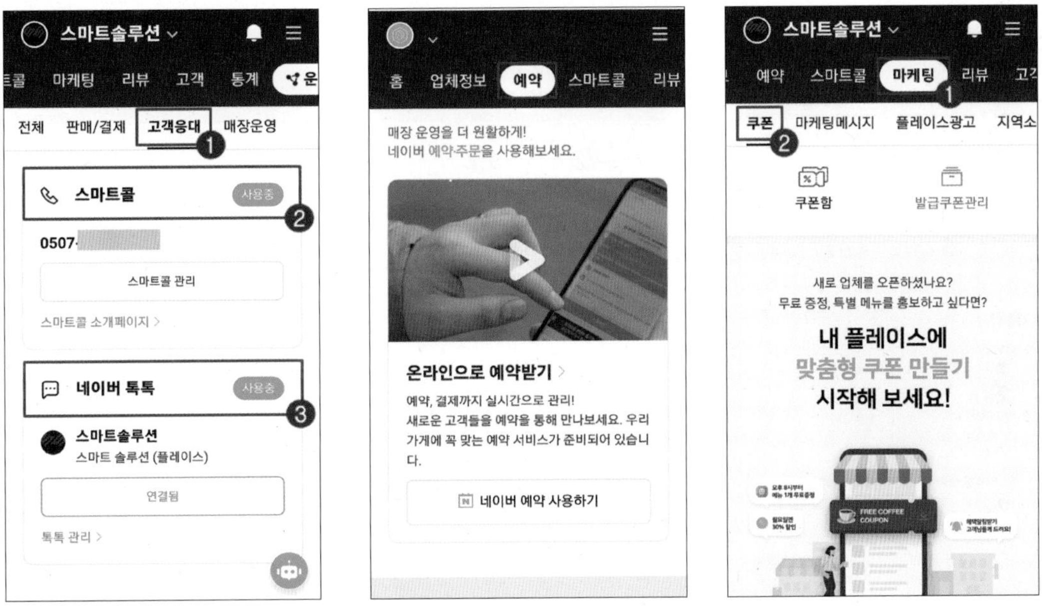

1 홈 탭 메뉴 [운영도구]의 ① [고객응대] 부분에 ② [스마트콜], ③ [네이버 톡톡]이 [사용중]인 것을 확인할 수 있습니다. [운영도구]는 내 업체의 홍보와 매출을 돕고 고객과의 소통을 원활하게 해주는 [다양한 비즈니스 도구]로 무료로 사용할 수 있습니다. 2 [예약] 메뉴에서는 업종별로 활용도를 높여서 사용하면 고객을 편리하게 관리할 수 있습니다. 예약주문이 안 되는 업종도 있습니다. 3 ① [마케팅] 메뉴에서 ② [쿠폰]을 이용해서 고객에게 이벤트를 해서 활용할 수 있습니다.

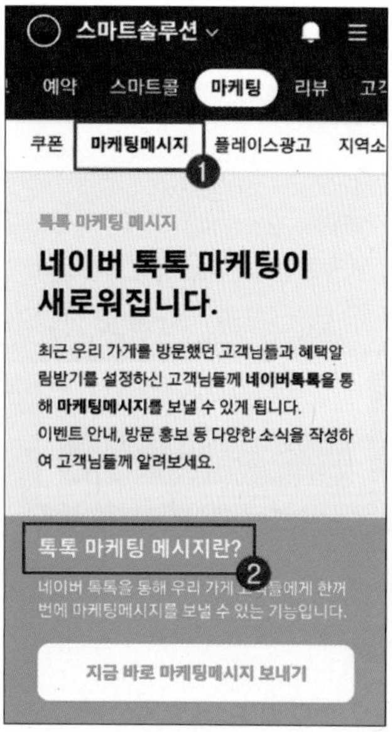

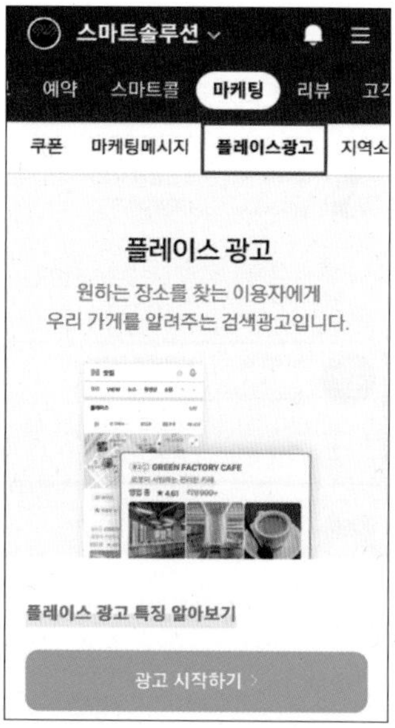

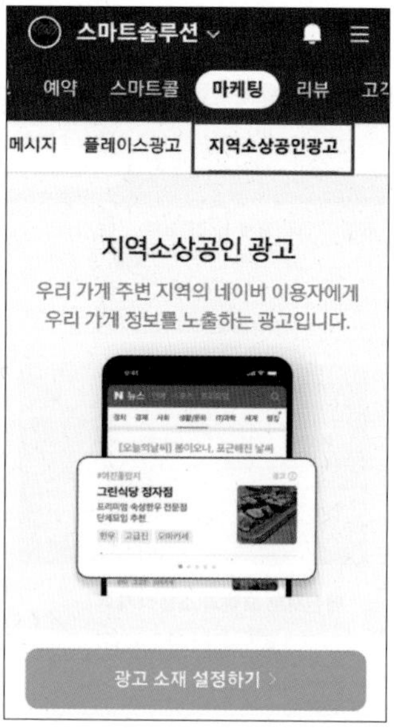

❶ ① [마케팅 메시지]는 가게를 방문했던 고객들과 혜택알림받기를 설정한 고객들에게 [네이버 톡톡]을 통해서 ② [마케팅 메시지]를 보낼 수 있는 서비스입니다. ❷ [플레이스 광고]는 검색했을 때 키워드 연관도에 따라 네이버 플레이스 영역에 광고 노출이 되는데 유료 서비스입니다. ❸ [지역소상공인 광고]는 가게 주변 지역 네이버 이용자에게 가게 정보가 노출이 되어 매장 방문을 유도할 수 있는 유료 서비스입니다.

❶ [통계]에서는 리포트, 플레이스, 예약주문, 스마트콜, 리뷰에 따라 통계를 확인하고 가게 운영에 반영할 수 있습니다. ❷ ① [비즈니스 스쿨]에서는 가게 운영자들을 위한 다양하고 많은 ② [온라인 교육]을 제공하여 가게 운영에 도움을 주고 있습니다. ③ [스튜디오 예약]은 오프라인 사업자를 위한 사진, 영상 촬영 스튜디오 대여 서비스로 여러 지역에서 운영하고 있고 촬영 소품도 무료이고 전문가의 서비스도 받을 수 있습니다. ❸ [금융지원]에서는 세금, 네이버 페이, 대출 등 초보 사업자를 위한 정보와 금융지원을 해주는 서비스입니다.

05강 | 지식인

네이버 지식인 마케팅은 네이버 지식인에 글을 작성하고, 질문에 답변함으로써 브랜드를 홍보하고, 잠재 고객을 유치하는 마케팅 방법입니다.

네이버 지식인 마케팅은 정보 제공 및 마케팅 보드로서 역할을 수행하고 있습니다. 이에 대한 몇 가지 이유는 다음과 같습니다:

1. 비용이 들지 않습니다. 대신 시간을 투자해야 합니다.
2. 진입 장벽이 낮습니다. 글을 쓸 수만 있다면 바로 시작 가능합니다.
3. 네이버 지식인은 국내에서 최대 포털로 발전하기까지 가장 큰 공로를 세운 서비스입니다. 질문과 답변의 형태로 서로 알고 있는 정보를 공유하는 마케팅입니다.
4. 네이버 지식인 활동을 통한 전환수가 상당히 눈에 띕니다. 그래서 네이버 지식인 마케팅도 홍보 활동 범주에 포함시켜도 됩니다.
5. 사람들이 많이 검색하는 키워드나 각 분야에서 자주 다뤄지는 주제에 대한 답변의 품질이 좋습니다. 정보로서의 가치를 느끼고 업체도 지식인 답변을 하고 있습니다.

★ 네이버 지식인 마케팅을 해야 하는 이유는 다음과 같습니다.

1. 높은 도달 범위 : 네이버 지식인은 국내에서 가장 많이 사용되는 검색 포털 중 하나입니다. 따라서 네이버 지식인에 글을 작성하면, 많은 사람들이 볼 수 있습니다.
2. 높은 신뢰도 : 네이버 지식인은 사용자들이 검색을 통해 정보를 얻는 곳입니다. 따라서 네이버 지식인에 글을 작성하면, 사용자들에게 신뢰감을 줄 수 있습니다.
3. 낮은 비용 : 네이버 지식인 마케팅은 다른 마케팅 방법에 비해 비용이 저렴합니다. 따라서 소규모 기업도 부담 없이 할 수 있습니다.
4. 높은 전환율 : 네이버 지식인에서 정보를 찾는 사용자들은 구매 의사가 높습니다. 따라서 네이버 지식인 마케팅을 통해 잠재 고객을 유치하고, 매출을 올릴 수 있습니다.
5. 지속적인 마케팅 효과 : 네이버 지식인에 글을 작성하면, 지속적으로 노출됩니다. 따라서 네이버 지식인 마케팅은 장기적인 마케팅 효과를 기대할 수 있습니다.

네이버 지식인 마케팅은 효과적인 마케팅 방법이지만, 몇 가지 유의해야 할 사항이 있습니다. 첫째, 네이버 지식인 정책을 준수해야 합니다. 둘째, 답변을 작성할 때는 신뢰할 수 있는 정보를 제공해야 합니다. 셋째, 답변을 작성할 때는 브랜드 홍보에만 집중하지 말고, 사용자에게 도움이 되는 정보를 제공해야 합니다.

❶ 구글 Play스토어에서 [지식인] 검색해서 [설치]합니다. ❷ 설치가 완료되면 [열기]를 터치합니다. ❸ 처음 설치하면 첫 화면에 메뉴 설명이 나옵니다. [expert]는 네이버가 선정한 각 분야별 전문가들한테 무료 및 유료로 질의응답을 할 수 있습니다.

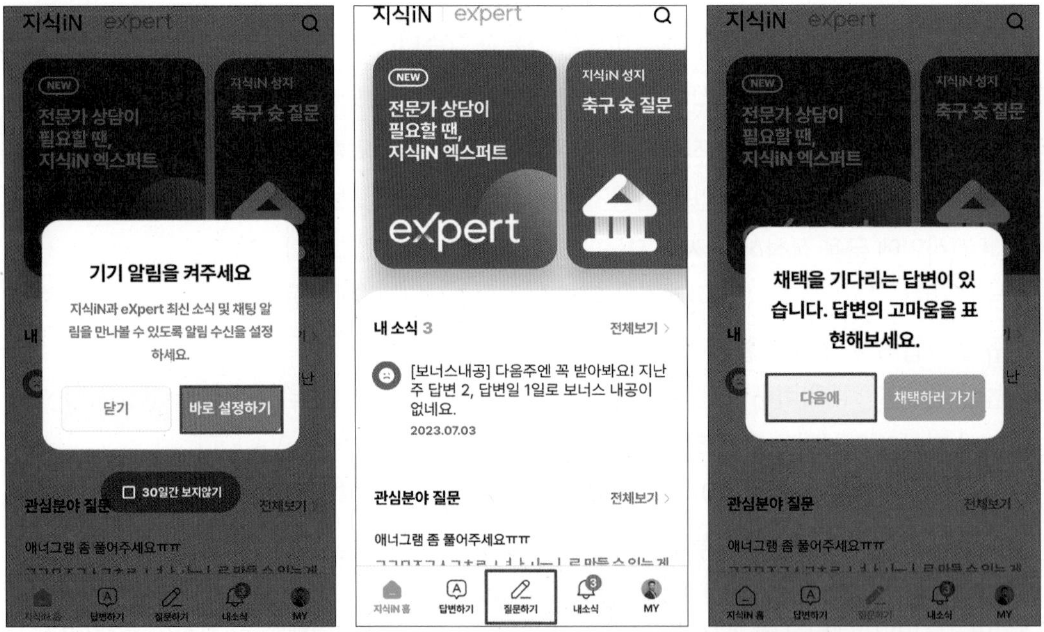

❶ 지식iN에서 제공하는 정보를 알림 받고 싶다면 [바로 설정하기]를 터치해서 설정하면 됩니다. ❷ 지식iN에 질문을 등록하기 위해서 [질문하기]를 터치합니다. ❸ 기존에 자신이 질문을 한 경우가 있다면 [채택을 기다리는 답변]이 있다는 팝업(PopUp) 문구가 뜰 수 있는데 [다음에]를 터치합니다.

일반질문
제목(선택사항)
작성중인 질문을 저장할 수 있어요!
무엇이 궁금한가요?
+ 태그입력 (최대 10개)
일반질문
퇴직 예정자들을 위한 스마트폰 및 SNS 마케팅 교육을 하는 교육 기관 좀 알려 주세요
현재 기업체 교육을 담당하고 있는 담당자 입니다.
서울을 비롯해서 전국에서 기업체 퇴직 예정자들을 위한 스마트폰 및 SNS마케팅 교육을 해줄 강사를 찾고 있습니다.
강사 전문 양성 교육 기관이면 더 좋겠습니다.
+ 태그입력 (최대 10개)
답변이 등록되면 수정/삭제가 불가능합니다.
개인정보가 노출되지 않도록 유의해주세요.
질문을 등록하시겠습니까?
취소
질문 등록

❶ [일반질문] 화면이 보이고 제목과 본문을 작성하면 됩니다. 우측 상단에 [작성중인 질문을 저장할 수 있어요]를 터치하면 임시저장 할 수 있습니다. ❷ 제목과 본문을 작성할 때도 자신이 작성하고자 하는 내용 관련해서 고객들이 어떤 키워드를 많이 검색하는지 파악한 후 글을 작성하는 것이 좋습니다. ❸ 작성이 완료되면 [질문 등록]을 터치합니다.

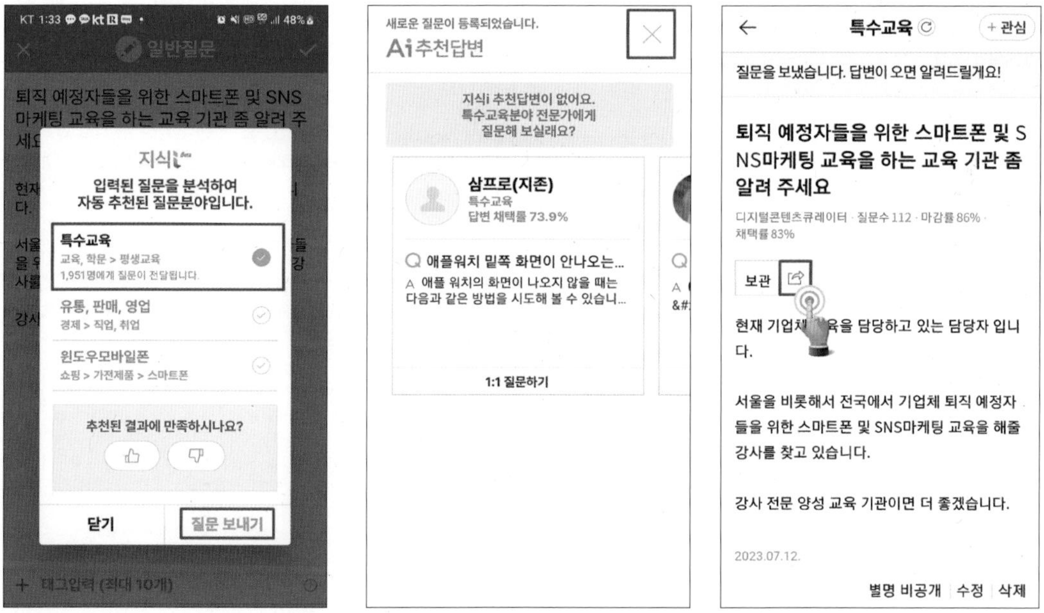
지식iN
입력된 질문을 분석하여 자동 추천된 질문분야입니다.
특수교육
교육, 학문 > 평생교육
1,951명에게 질문이 전달됩니다.
유통, 판매, 영업
경제 > 직업, 취업
윈도우모바일폰
쇼핑 > 가전제품 > 스마트폰
추천된 결과에 만족하시나요?
닫기
질문 보내기
새로운 질문이 등록되었습니다.
Ai추천답변
지식i 추천답변이 없어요.
특수교육분야 전문가에게 질문해 보실래요?
삼프로(지존)
특수교육
답변 채택률 73.9%
애플워치 밑쪽 화면이 안나오는...
1:1 질문하기
특수교육
+관심
질문을 보냈습니다. 답변이 오면 알려드릴게요!
퇴직 예정자들을 위한 스마트폰 및 SNS마케팅 교육을 하는 교육 기관 좀 알려 주세요
디지털콘텐츠큐레이터 · 질문수 112 · 마감률 86% · 채택률 83%
보관
서울을 비롯해서 전국에서 기업체 퇴직 예정자들을 위한 스마트폰 및 SNS마케팅 교육을 해줄 강사를 찾고 있습니다.
강사 전문 양성 교육 기관이면 더 좋겠습니다.
2023.07.12.
별명 비공개 수정 삭제

❶ 질문 분야 화면이 보이는데 자신이 수동으로 정할 순 없고 추천된 분야에서 선택을 해야 합니다. 자신이 생각하는 분야가 나오지 않는 경우는 제목과 본문 내용을 다시 수정할 필요도 있습니다. ❷ [Ai] 추천답변 화면이 나오는데 자신이 원하는 답변이 없는 경우 우측상단에 [×]를 터치합니다. ❸ 질문이 등록된 화면이 나오는데 누군가에게 답변 등록을 원하는 경우 [공유 버튼]을 터치합니다.

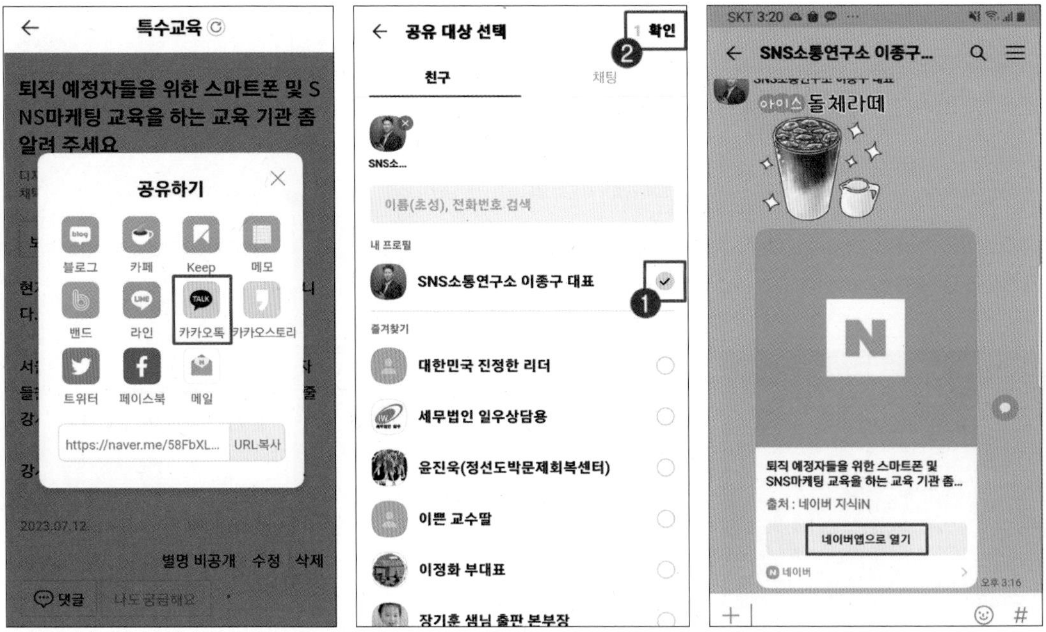

❶ 공유할 수 있는 채널들이 보이는데 [카카오톡]을 터치합니다. ❷ ① 공유 대상을 선택합니다. ② [확인]을 터치합니다. ❸ 공유받은 사람은 [네이버앱으로 열기]를 터치합니다.

❶ [Q&A] 화면이 보이고 우측 하단에 [답변하기]를 터치합니다. ❷ 질문에 대한 답변을 작성합니다. 첨부파일로 다양한 파일을 첨부할 수 있는데 ① [링크 주소] 아이콘을 터치하면 관련된 ② 블로그나 사이트 주소를 첨부할 수 있습니다. ❸ [링크 주소] 아이콘을 터치하면 [링크] 첨부 화면이 나오는데 주소 입력한 후 우측 상단에 [첨부]를 터치하면 됩니다.

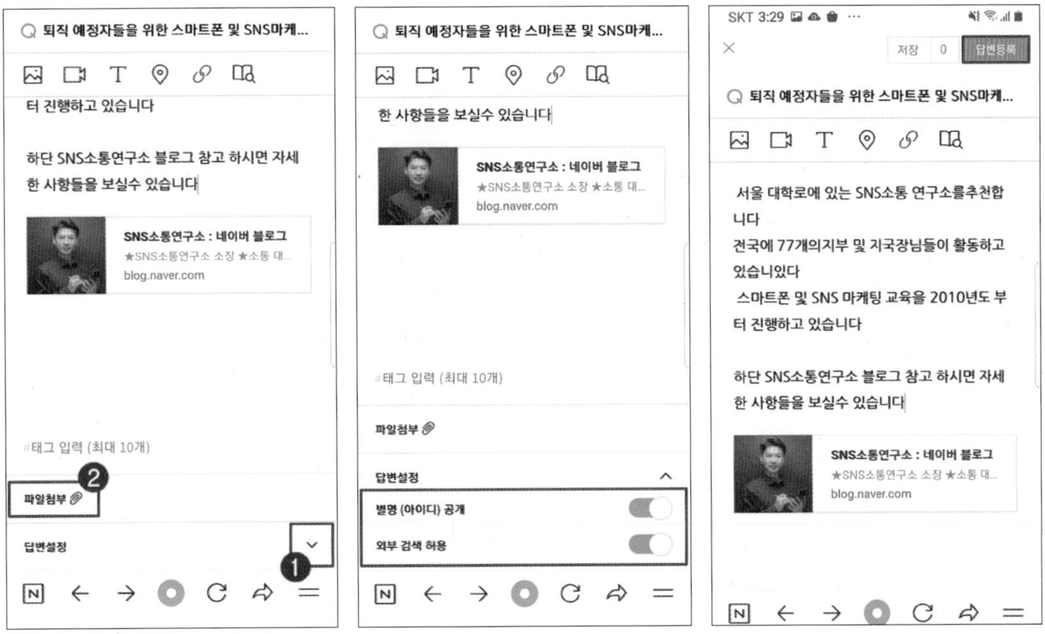
퇴직 예정자들을 위한 스마트폰 및 SNS마케...
터 진행하고 있습니다
하단 SNS소통연구소 블로그 참고 하시면 자세
한 사항들을 보실수 있습니다
SNS소통연구소 : 네이버 블로그
blog.naver.com
#태그 입력 (최대 10개)
파일첨부
답변설정
한 사항들을 보실수 있습니다
별명 (아이디) 공개
외부 검색 허용
SKT 3:29
저장
답변등록
서울 대학로에 있는 SNS소통 연구소를추천합
니다
전국에 77개의지부 및 지국장님들이 활동하고
있습니있다
스마트폰 및 SNS 마케팅 교육을 2010년도 부
터 진행하고 있습니다

1 ① [답변설정] 메뉴 우측에 꺾쇠 표시를 터치하면 [별명 공개]와 [외부 검색 허용]을 선택할 수 있습니다. ② 관련 파일(한글 또는 파워포인트 등)을 첨부할 수 있습니다.
2 서로 지식인 마케팅 협업을 하는 경우 [별명 공개]를 하지 않는 경우도 있습니다.
3 답변이 완성되었다면 [답변 등록]을 터치합니다.

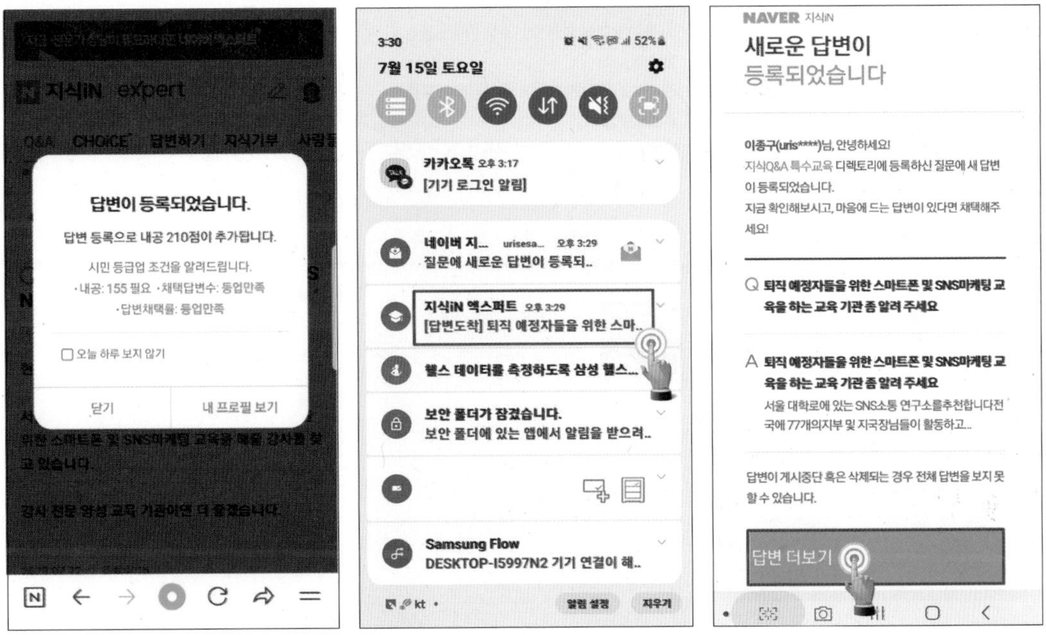
지식iN expert
답변이 등록되었습니다.
답변 등록으로 내공 210점이 추가됩니다.
시민 등급업 조건을 알려드립니다.
·내공: 155 필요 ·채택답변수: 등업만족
·답변채택률: 등업만족
오늘 하루 보지 않기
닫기
내 프로필 보기
3:30
7월 15일 토요일
카카오톡
[기기 로그인 알림]
네이버 지...
질문에 새로운 답변이 등록되..
지식iN 엑스퍼트
[답변도착] 퇴직 예정자들을 위한 스마..
헬스 데이터를 측정하도록 삼성 헬스..
보안 폴더가 잠겼습니다.
보안 폴더에 있는 앱에서 알림을 받으려..
Samsung Flow
DESKTOP-I5997N2 기기 연결이 해..
알림 설정
지우기
NAVER 지식iN
새로운 답변이
등록되었습니다
지식Q&A 특수교육 디렉토리에 등록하신 질문에 새 답변이 등록되었습니다.
지금 확인해보시고, 마음에 드는 답변이 있다면 채택해주세요!
퇴직 예정자들을 위한 스마트폰 및 SNS마케팅 교육을 하는 교육 기관 좀 알려 주세요
답변이 게시중단 혹은 삭제되는 경우 전체 답변을 보지 못할 수 있습니다.
답변 더보기

1 [답변이 등록되었습니다.] 화면이 보이는데 지식iN의 경우는 질문하고 답변만 해도 내공이 쌓이므로 지식iN 마케팅을 하고자 한다면 수시로 다양한 질문과 답변을 해서 내공을 쌓는 게 좋습니다. 2 답변이 등록되면 질문자 스마트폰 화면에 [답변 도착] 알림이 뜹니다. 터치하면 네이버 메일 화면으로 이동합니다. 3 답변을 보고자 한다면 [답변 더보기]를 터치합니다.

i.kin.naver.com
지금 전문가 상담이 필요하다면, 네이버 엑스퍼트
지식iN expert
Q&A CHOiCE 답변하기 지식기부 사람들
고수 이상이면 엑스퍼트 가입 가능!
엑스퍼트 전문가 신청하고 N잡러 도전하자
퇴직 예정자들을 위한 스마트폰 및 SNS마케팅 교...
디지털콘텐츠큐레이터 · 채택률 83% · 마감률 86%
현재 기업체 교육을 담당하고 있는 담당자 입니다.
서울을 비롯해서 전국에서 기업체 퇴직 예정자들을 위한 스마트폰 및 SNS마케팅 교육을 해줄 강사를 찾고 있습니다.
강사 전문 양성 교육 기관이면 더 좋겠습

Q&A CHOiCE 답변하기 지식기부 사람들
답변 3개 최적 옵션
디노창
채택답변수 42
고수
IT/인터넷업
#마케팅전문가 #22년차마케터 #디지털노마드
본인 입력 포함 정보 프로필 더보기
관련 협회에 알아보셔도 되겠습니다
강사양성프로그램, 강사진의 전문성을 고려하여 맞는 기관을 선택하시기 바랍니다
2일 전
표정 댓글 포인트로
채택하기

i.kin.naver.com
Q&A CHOiCE 답변하기 지식기부 사람들
전국에 77개의지부 및 지국장님들이 활동하고있습니다
스마트폰 및 SNS 마케팅 교육을 2010년도부터 진행하고 있습니다
하단 SNS소통연구소 블로그 참고 하시면 자세한 사항들을 보실수 있습니다
SNS소통연구소 : 네이버 블로그
blog.naver.com
1분 전
표정 댓글 포인트로 감사
채택하기

1 답변 화면이 보이는데 위로 여러 사람의 답변이 달린 경우 화면을 위로 드래그해 봅니다.
2 답변 화면을 위로 드래그해 보면 답변을 단시간 순서대로 지식인 별명들이 보입니다.
3 답변이 제일 늦게 달렸을지라도 질문자가 [**채택**]을 하게 되면 맨 위에 보이게 됩니다.

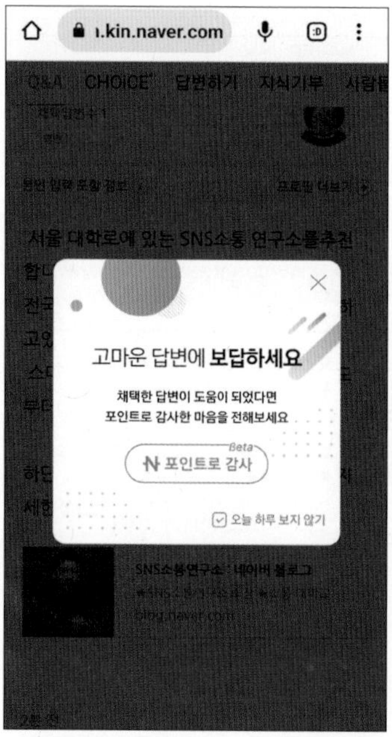
i.kin.naver.com
고마운 답변에 보답하세요
채택한 답변이 도움이 되었다면
포인트로 감사한 마음을 전해보세요
포인트로 감사
오늘 하루 보지 않기

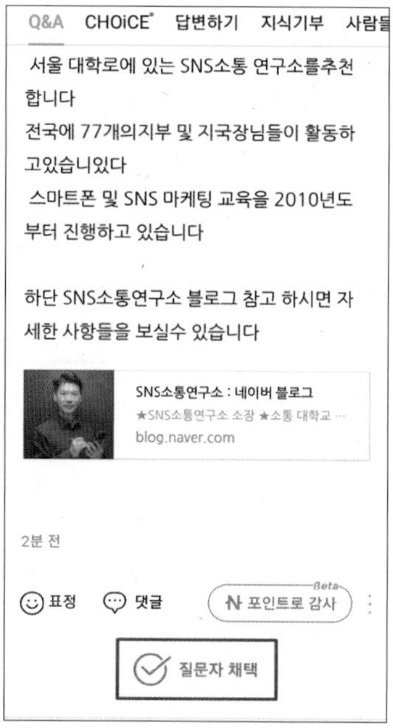
Q&A CHOiCE 답변하기 지식기부 사람들
서울 대학로에 있는 SNS소통 연구소를추천합니다
전국에 77개의지부 및 지국장님들이 활동하고있습니다
스마트폰 및 SNS 마케팅 교육을 2010년도부터 진행하고 있습니다
하단 SNS소통연구소 블로그 참고 하시면 자세한 사항들을 보실수 있습니다
SNS소통연구소 : 네이버 블로그
blog.naver.com
2분 전
표정 댓글 포인트로 감사
질문자 채택

Q&A CHOiCE 답변하기 지식기부 사람들
2분 전
표정 댓글 포인트로 감사
질문자 채택
@soto****님! 더 궁금한게 있어요
알아두세요!
위 답변은 답변작성자가 경험과 지식을 바탕으로 작성한 내용입니다.
포인트로 감사할 때 참고해주세요.
디노창
채택답변수 42
고수
IT/인터넷업
#마케팅전문가 #22년차마케터 #디지털노마드

1 답변이 채택되어 감사한 마음을 전하고 싶다면 [**N 포인트로 감사**]를 할 수도 있습니다.
2 답변이 채택되면 [**질문자 채택**] 아이콘이 빨간색으로 보이게 됩니다.
3 답변을 제일 처음에 단 사람도 [**질문자 채택**] 밑으로 보이게 됩니다. 그래서 지식인 마케팅을 하고 싶다면 질문과 답변에 대한 협업시스템을 제대로 구축하는 게 좋습니다.

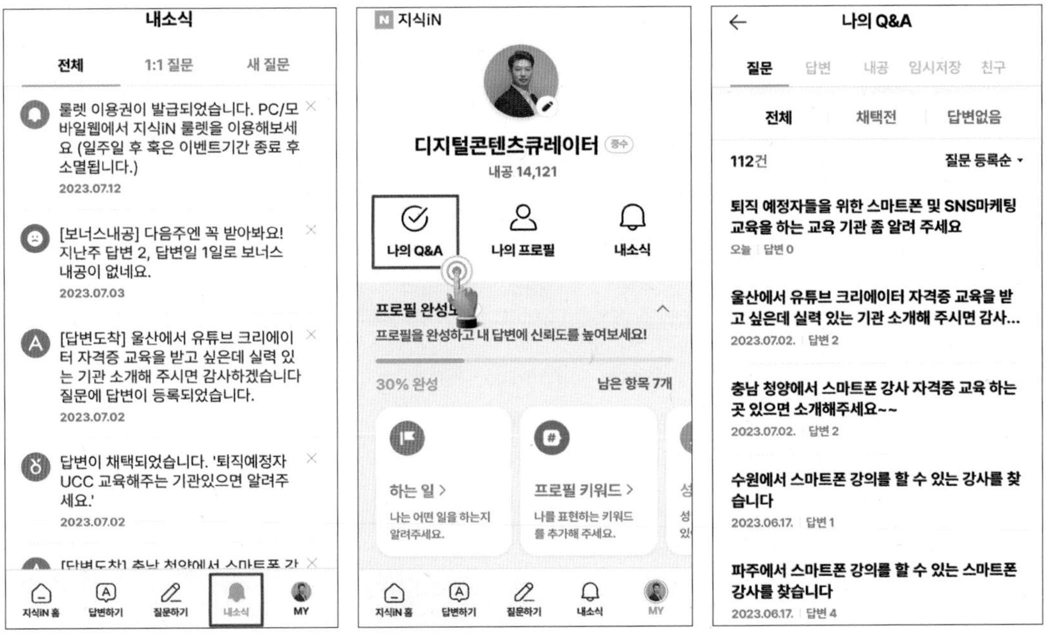

❶ [내소식] 메뉴를 터치하면 질문과 답변에 대한 정보를 볼 수 있습니다. ❷ [MY]메뉴를 터치한 후 나의 질문과 답변, 내가 받은 내공 등에 대해서 보고자 한다면 [나의 Q&A]를 터치합니다. ❸ [나의 Q&A]에 관련된 모든 정보를 볼 수 있습니다.

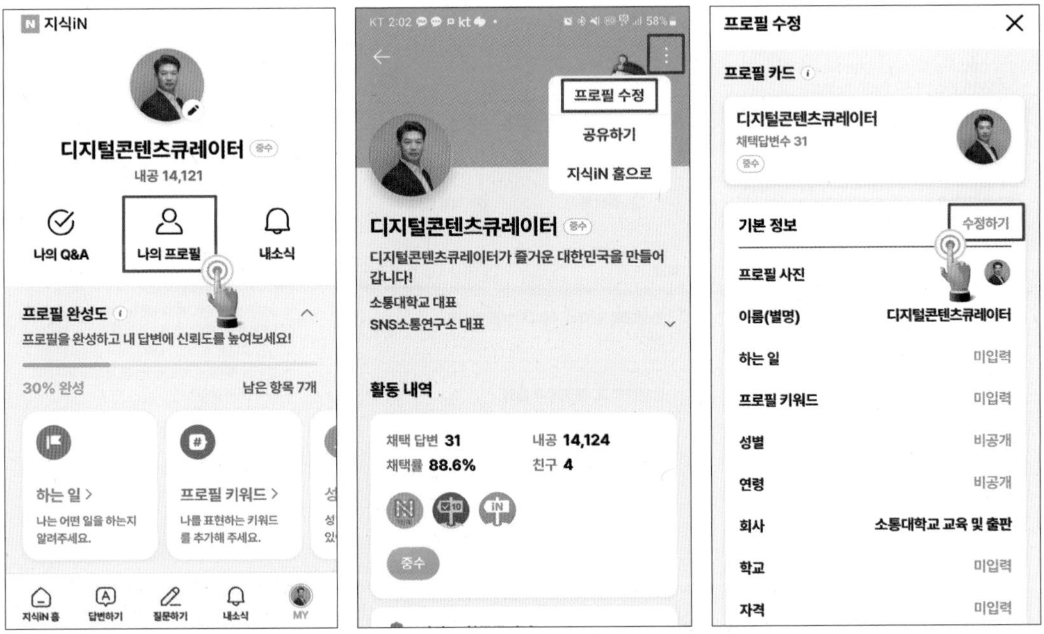

❶ 프로필 수정을 하기 위해 [나의 프로필]을 터치합니다.
❷ 우측 상단에 [점 3개]를 터치한 후 [프로필 수정]을 터치합니다.
❸ 우측에 [수정하기]를 터치합니다.

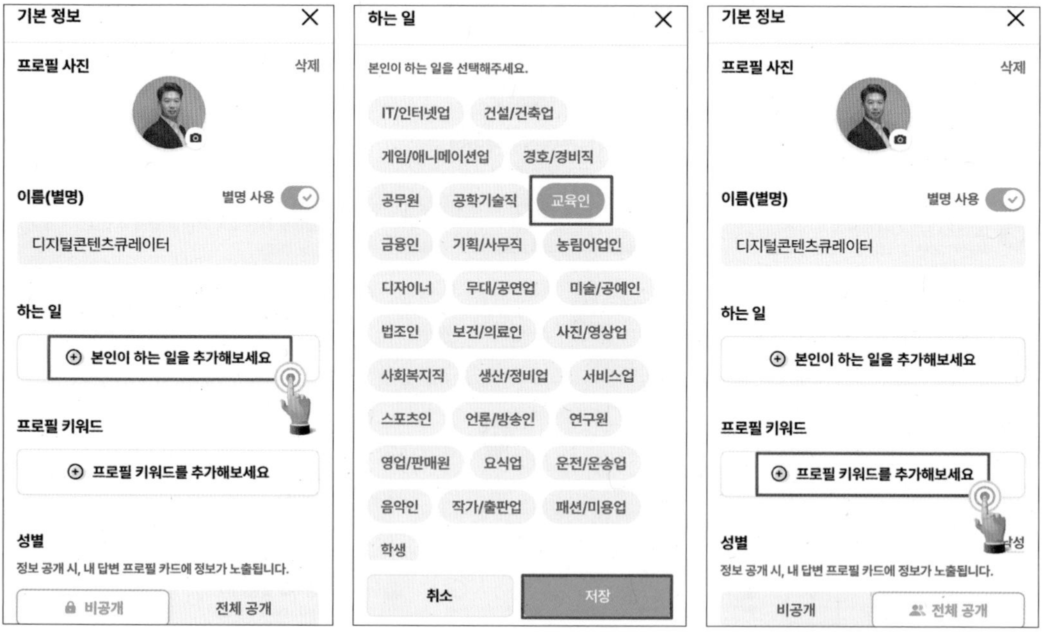

1 [본인이 하는 일을 추가해보세요]를 터치합니다. 2 [하는 일]은 1가지만 선택할 수 있습니다. 3 [프로필 키워드를 추가해보세요]를 터치하면 나를 설명할 수 있는 키워드를 3개까지 추가할 수 있습니다.

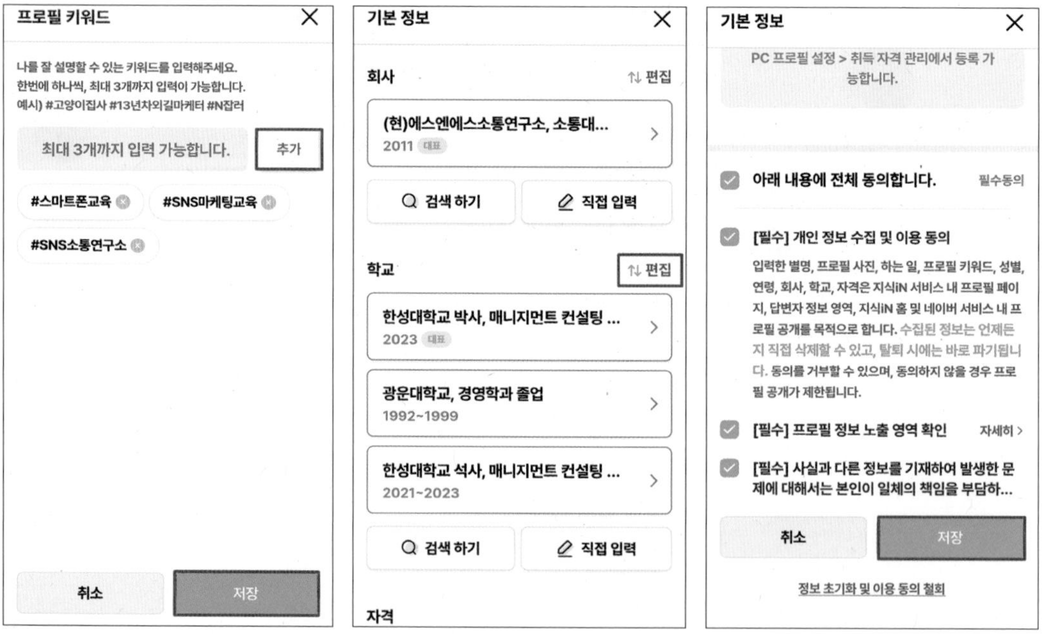

1 나를 설명할 수 있는 키워드를 입력한 후 우측에 [추가] 버튼을 터치합니다. 2 학교 정보에서 입력한 정보에 대해서 순서를 바꾸거나 다시 재편집하고 싶은 경우 [편집] 메뉴를 터치합니다. 3 기본정보 입력이 완성되었다면 [저장]을 터치합니다.

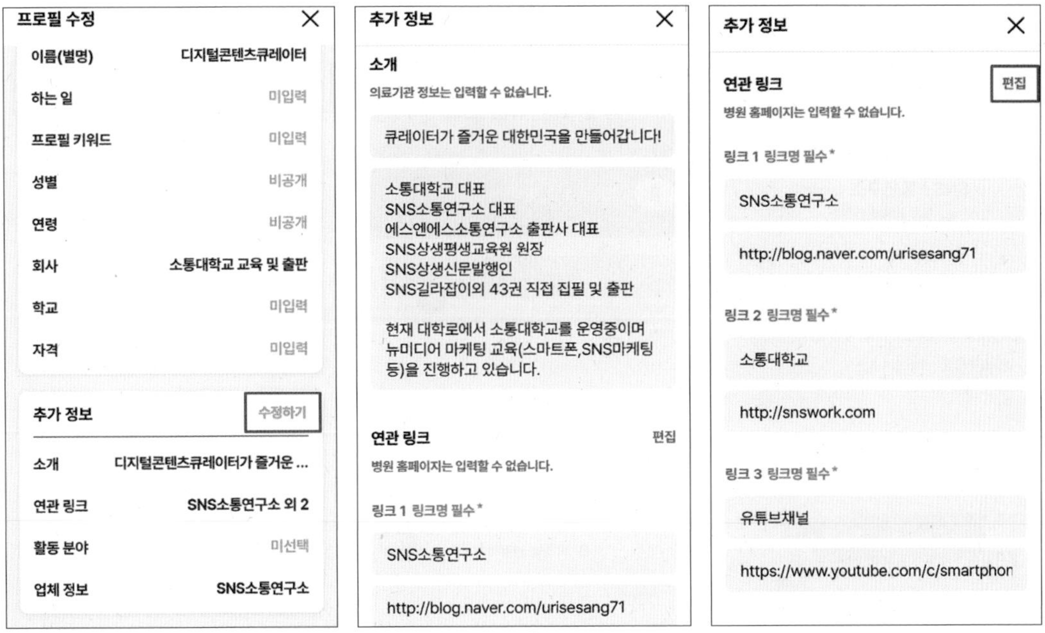

❶ 프로필 기본정보 수정이 완료된 후 [추가 정보] 메뉴도 완성하고 싶다면 [수정하기] 버튼을 터치합니다. ❷ 자신의 프로필에 대해서 좀 더 상세하게 기재할 수 있고 연관 링크도 3개까지 입력할 수 있습니다. ❸ 기존에 입력한 연관 링크를 변경하거나 수정하고 싶다면 [편집]을 터치합니다.

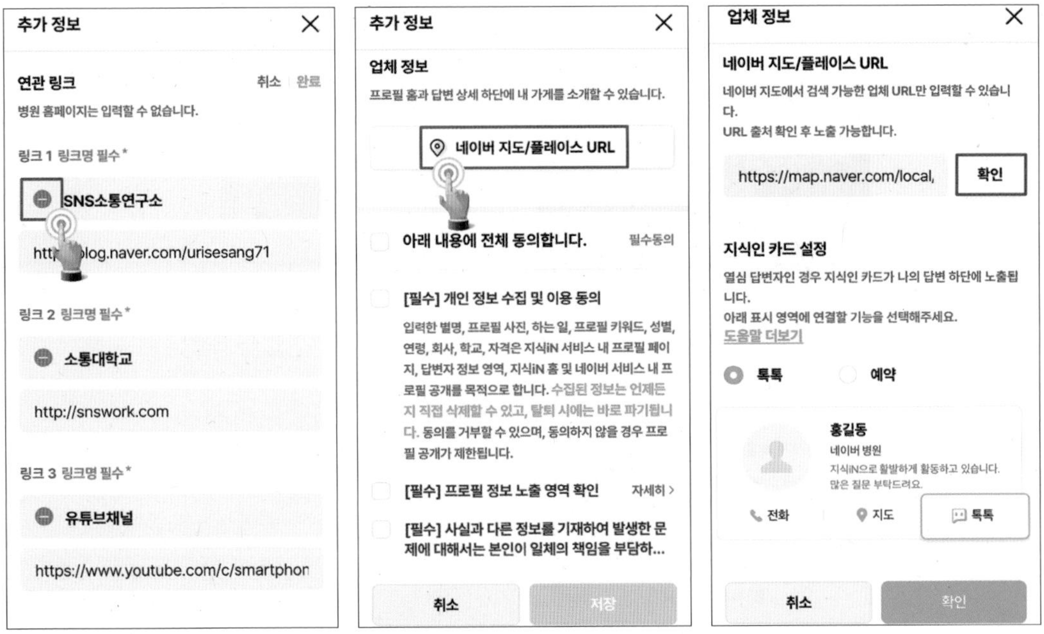

❶ 연관 링크를 삭제하고 싶다면 [-] 아이콘을 터치한 후 우측 상단에 [완료] 버튼을 터치하면 프로필 정보에서 연관 링크는 보이지 않게 됩니다. ❷ 자신의 사업체가 네이버 스마트플레이스에 등록이 되어 있다면 [네이버 지도/플레이스 URL]을 터치합니다. ❸ 업체 정보를 수정하고 싶다면 [확인]을 터치합니다.

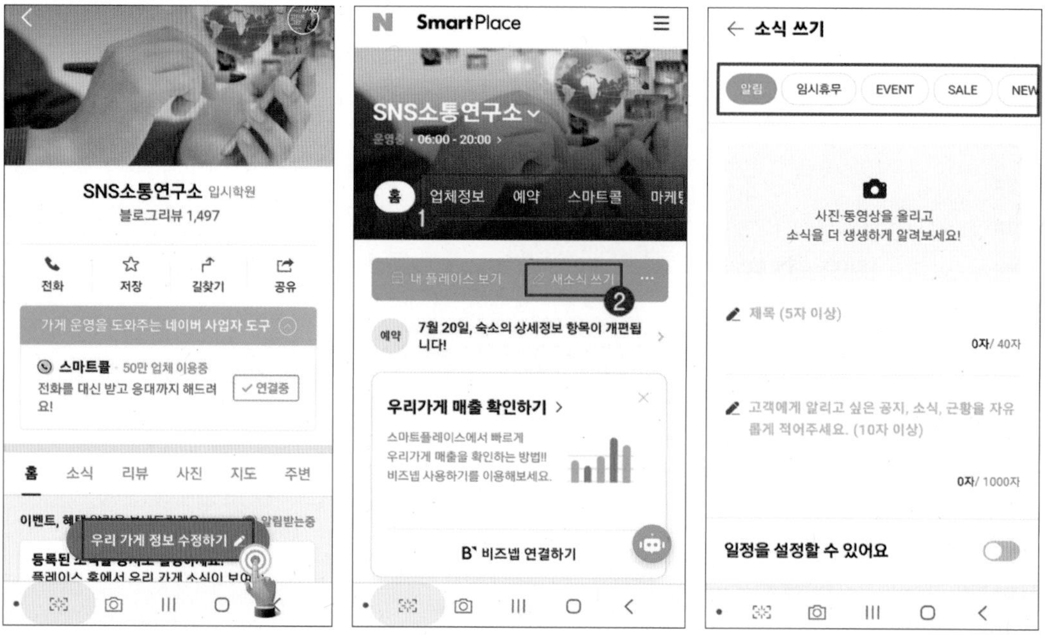

1 등록된 업체정보가 보입니다. 업체정보를 수정하거나 다양한 소식을 고객에게 전달하고 싶다면 [우리 가게 정보 수정하기]를 터치합니다. 2 ① 업체정보, 예약, 스마트콜, 마케팅, 리뷰, 고객, 통계 등 다양한 메뉴를 활용할 수 있습니다. ② 업체 상황을 알리고 싶다면 [새소식 쓰기]를 터치합니다. 3 [소식 쓰기] 화면에서는 알림, 임시휴무, EVENT 등 업체가 고객에게 알리고 싶은 다양한 정보를 입력하고 활용할 수 있습니다.

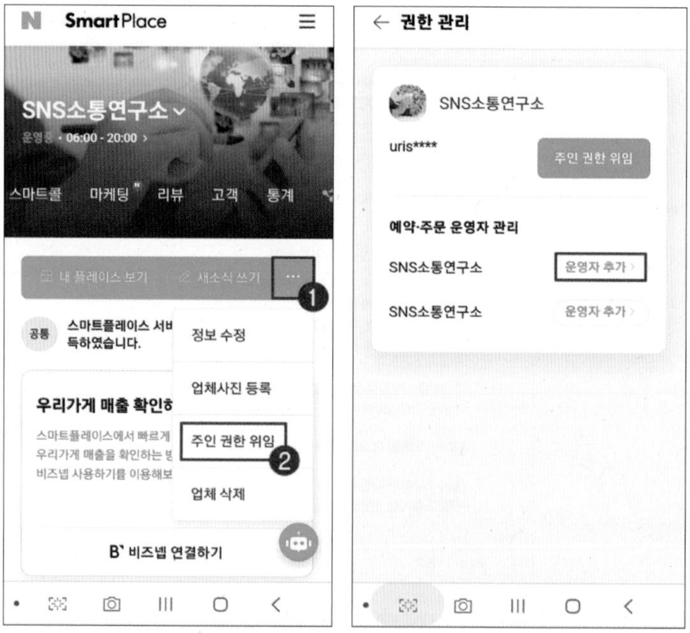

1 네이버 스마트플레이스를 업체 사장님이 다른 사람과 함께 관리하고 싶다면 ① [점 3개]를 터치합니다. ② [주인 권한 위임]을 터치합니다. 2 [운영자 추가]를 터치한 후 함께 관리하고자 하는 사람의 [네이버 ID]를 입력해서 신청하면 함께 관리할 수 있게 됩니다.

유튜브 채널을 운영하는 데 있어 #(해시태그)와 태그의 차이점에 대해서 제대로 모르고 있는 경우가 많아 설명을 하고자 합니다.
대부분 유튜브와 관련된 기능들은 YouTube 고객센터에서 모든 정보를 얻을 수 있습니다.
하단 내용들도 YouTube 고객센터의 내용을 바탕으로 설명을 드리겠습니다.

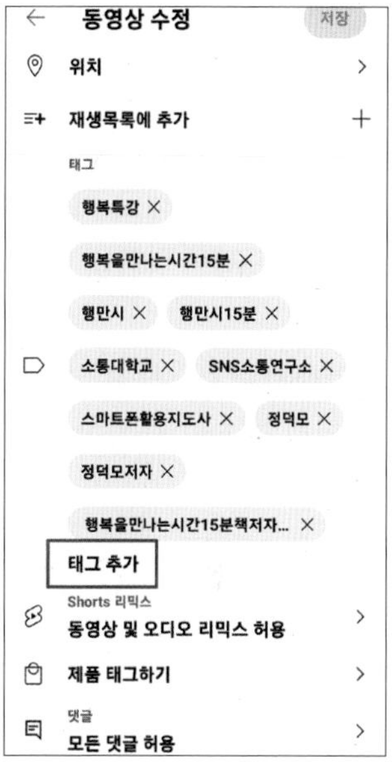

▶ 태그는 사용자가 콘텐츠를 검색하는 데 도움이 되도록 동영상에 추가하는 설명 키워드입니다.
▶ 동영상의 제목, 미리보기 이미지, 설명은 동영상을 검색하는 데 더욱 중요한 메타데이터입니다.
▶ 이러한 주요 정보는 시청자가 어떤 동영상을 시청할지 결정하는 데 도움을 줍니다.
▶ 태그는 동영상의 콘텐츠에 일반적으로 맞춤법이 틀리는 단어가 있을 경우 유용합니다. 그 외에 동영상을 검색하는 데 태그의 역할은 제한적입니다.
▶ 참고: 동영상 설명에 과도한 태그를 추가하면, 스팸, 현혹행위, 사기에 대한 YouTube 정책을 위반하는 것입니다.

위의 내용을 순서대로 설명해 보겠습니다.

▶ 태그는 사용자가 콘텐츠를 검색하는 데 도움이 되도록 동영상에 추가하는 설명 키워드입니다.
유튜브를 사용하는 유저들로 하여금 영상을 검색하는 데 도움이 되도록 추가하는 설명 키워드를 의미하며 검색을 통해 유입되는 걸 태그의 기능이 관여한다는 의미입니다.
조금 더 넓게 확장해 보면 유튜브를 사용하는 유저는 원하는 영상을 찾기 위해 키워드를 검색할 것이고, 검색한 키워드에 연관된 태그의 영상이 그 유저의 유튜브 화면에 노출되게 됩니다.

▶ 동영상의 제목, 미리보기 이미지, 설명은 동영상을 검색하는 데 더욱 중요한 메타데이터입니다.
동영상의 제목과 썸네일, 그리고 설명이 매우 중요하다고 설명합니다.
여기서 메타데이터 의미는 메타데이터는 데이터에 대한 설명, 분류 또는 속성을 제공하는 데이터의 일부분을 의미합니다. 메타데이터는 데이터를 이해하고 관리하는 데 도움이 되며, 데이터를 검색하고 조직화하는 데 도움이 됩니다. 일반적으로 메타데이터는 데이터의 특정 측면에 대한 정보를 포함합니다.

▶ 이러한 주요 정보는 시청자가 어떤 동영상을 시청할지 결정하는 데 도움을 줍니다.
위에서 설명한 태그, 동영상의 제목, 미리보기 이미지(썸네일), 설명 등 이러한 주요 정보는 어떤 영상을 누가 볼지 결정하는 데 도움을 주니까 신경 써야 한다 라는 의미로 볼 수 있습니다.

▶ 태그는 동영상의 콘텐츠에 일반적으로 맞춤법이 틀리는 단어가 있을 경우 유용합니다. 그 외에 동영상을 검색하는 데 태그의 역할은 제한적입니다.
맞춤법 틀려도 태그 기능 작동해서 괜찮으니까 크게 신경 쓰지 말고, 동영상을 검색하는 데 태그의 역할은 제한적이니 너무 기대하지 말라는 의미입니다.

요약하자면 [유튜브 태그]는 사용자가 검색했을 때 '어떤 키워드로 내 동영상에 유입될 것인가'에 영향을 주는 요소라고 생각하면 됩니다.

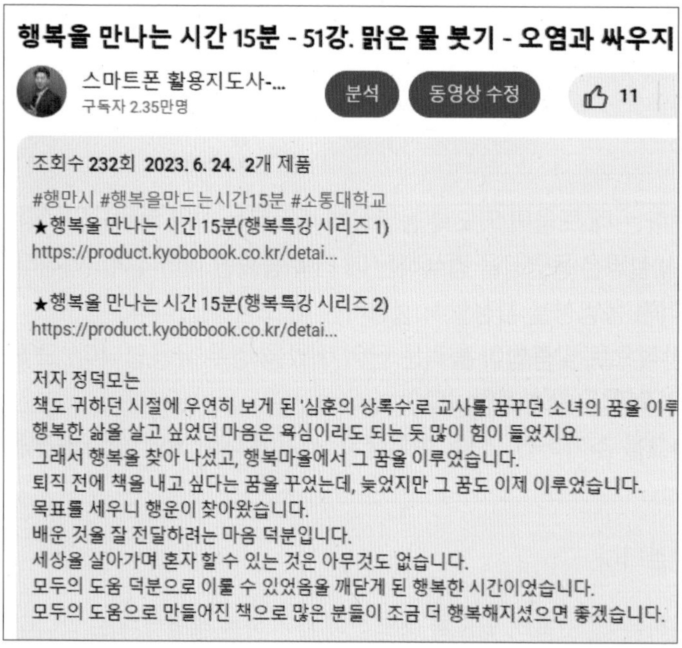
행복을 만나는 시간 15분 - 51강. 맑은 물 붓기 - 오염과 싸우지
스마트폰 활용지도사-...
구독자 2.35만명
분석
동영상 수정
11
조회수 232회 2023. 6. 24. 2개 제품
#행만시 #행복을만드는시간15분 #소통대학교
★행복을 만나는 시간 15분(행복특강 시리즈 1)
https://product.kyobobook.co.kr/detai...
★행복을 만나는 시간 15분(행복특강 시리즈 2)
https://product.kyobobook.co.kr/detai...
저자 정덕모는
책도 귀하던 시절에 우연히 보게 된 '심훈의 상록수'로 교사를 꿈꾸던 소녀의 꿈을 이루
행복한 삶을 살고 싶었던 마음은 욕심이라도 되는 듯 많이 힘이 들었지요.
그래서 행복을 찾아 나섰고, 행복마을에서 그 꿈을 이루었습니다.
퇴직 전에 책을 내고 싶다는 꿈을 꾸었는데, 늦었지만 그 꿈도 이제 이루었습니다.
목표를 세우니 행운이 찾아왔습니다.
배운 것을 잘 전달하려는 마음 덕분입니다.
세상을 살아가며 혼자 할 수 있는 것은 아무것도 없습니다.
모두의 도움 덕분으로 이룰 수 있었음을 깨닫게 된 행복한 시간이었습니다.
모두의 도움으로 만들어진 책으로 많은 분들이 조금 더 행복해지셨으면 좋겠습니다.

소리블록 혁명
광고 - classu.co.kr
지금 시작
행복을 만나는 시간 15분 - 51강. 맑은 물 붓기 - 오염과 싸우지 말고 맑은 물만 부...
조회수 230회 2주 전 2개 제품 #행만시 #행복을 더보기
스마트폰 활용지도사-미래유망직업 2.35만
11
공유
리믹스
Thanks
댓글 2
댓글 추가...
스마트폰 활용지도사-미래유망직업이(가) 아래 제품을 태그했습니다. 자세히 알아보기

유튜브 고객센터에서 설명하는 해시태그를 보면 태그와 또 다른 기능이라는 점을 알 수 있습니다.

▶ 해시태그를 사용하면 크리에이터가 YouTube에서 동일한 해시태그를 공유하는 다른 동영상에 콘텐츠를 쉽게 연결할 수 있습니다.

▶ 또한 시청자가 동일한 해시태그를 공유하는 유사한 콘텐츠를 빠르게 찾을 수 있습니다.

▶ 해시태그를 사용하면 크리에이터가 YouTube에서 동일한 해시태그를 공유하는 다른 동영상에 콘텐츠를 쉽게 연결할 수 있습니다.
같은 해시태그가 추가된 영상끼리 연결되어 쉽게 확인하고 공유할 수 있습니다.

▶ 또한 시청자가 동일한 해시태그를 공유하는 유사한 콘텐츠를 빠르게 찾을 수 있습니다.
이 부분이 중요합니다. 크리에이터뿐만 아니라 시청자도 동일한 해시태그를 공유하는 유사한 콘텐츠를 빠르게 찾을 수 있습니다.

태그와 다른 성격의 요소입니다.

[유튜브 해시태그]는 요약하자면
'내 동영상을 어떤 키워드에 태워 소비하게 할 것인가'에 영향을 주는 요소입니다.

memo

1 홈 화면에서 [YouTube] 아이콘을 터치합니다. **2** 유튜브 홈 화면 우측 상단에 원형 로그인 아이콘을 터치합니다. **3** [내 채널]을 터치합니다.

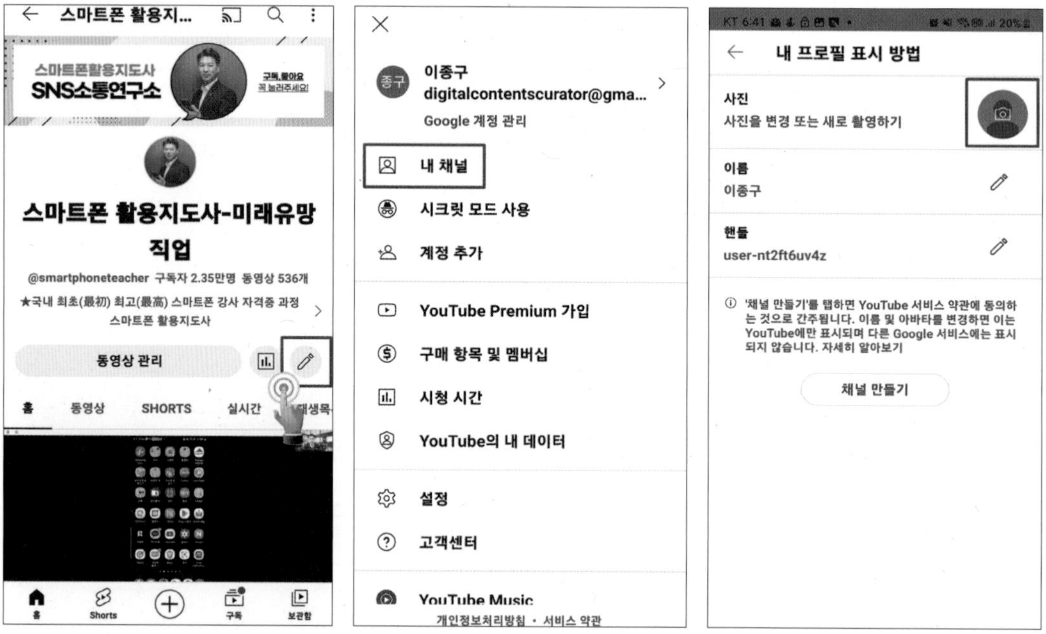

1 [내 채널] 홈 화면 우측에 보이는 [볼펜] 아이콘을 터치합니다.
2 처음 하시는 분들은 [내 채널]을 터치하면 **3** [내 프로필 표시 방법] 화면이 보입니다. 프로필 사진을 넣기 위해 우측 원형 아이콘을 터치합니다.

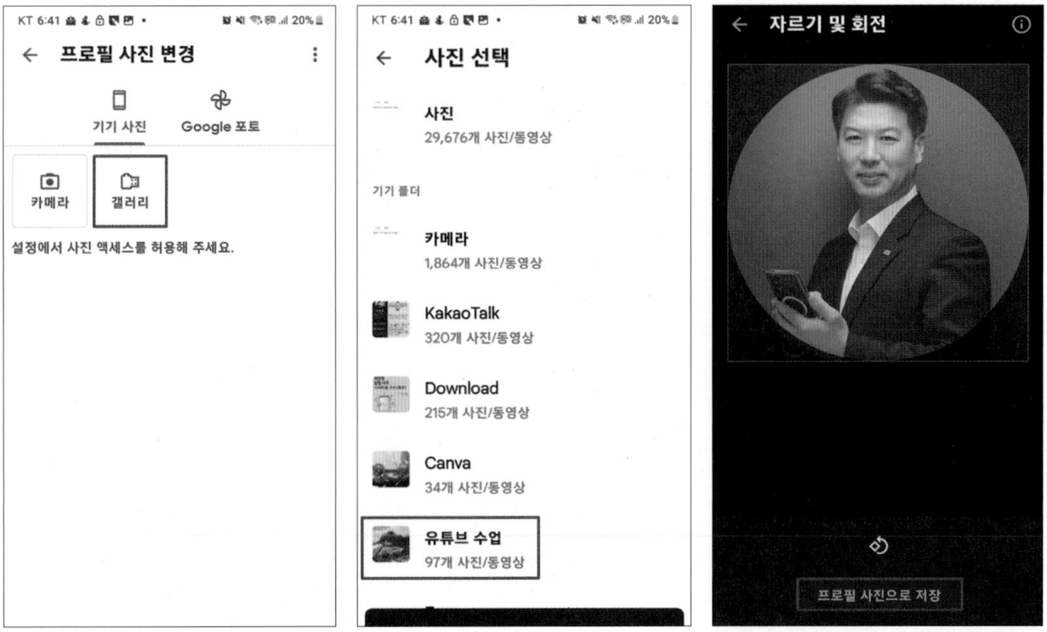

1 내 프로필 사진을 스마트폰 갤러리에서 가져오고 싶다면 [갤러리] 아이콘을 터치합니다. 2 가져오고 싶은 사진이 있는 [앨범]을 선택합니다. 3 원하는 사진을 선택한 후 [프로필 사진으로 저장]을 터치합니다.

프로필 사진이 완료되면 하단 자신의 유튜브 채널 [이름]을 만들 수 있는데 채널 이름도 검색이 되기 때문에 유튜브 시청자들이 많이 찾는 키워드를 선별해서 정하는 게 좋습니다. 한가지 유의할 점은 유튜브 채널 이름은 자신의 브랜드를 만들어서 하는 것이 기본이지만 채널 이름에 자신의 채널이 어떤 콘텐츠를 다루는지 알 수 있는 키워드를 뒤에 함께 써주는 게 좋습니다.

[핸들]은 쉽게 얘기하면 자신의 유튜브 ID라고 생각하면 좋습니다. 영문 키워드를 미리 선점하는 사람이 사용할 수 있습니다.

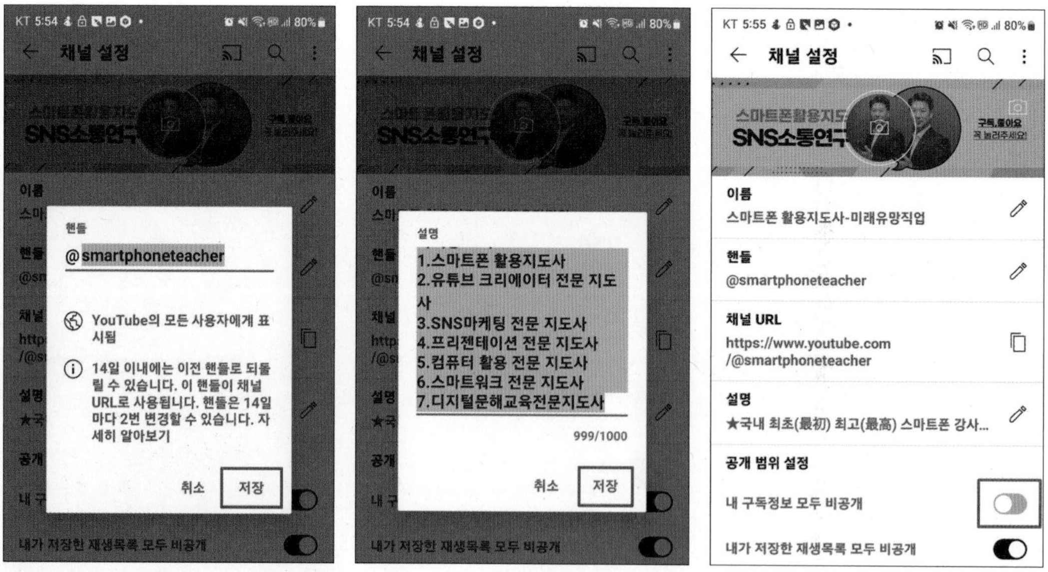

1 [핸들]은 유튜브 시청자들이 보았을 때 어떤 콘텐츠를 주로 다루는지 알기 쉽게 정하면 좋습니다. 스마트폰활용지도사 유튜브 채널은 스마트폰 사용법을 다루기에 [smartphoneteacher]로 했습니다. 2 [설명]은 1,000자까지 기재할 수 있는데 첫문장에는 자신의 유튜브 채널에 방문하면 좋은 점이 무엇인지 결론부터 기재하는 게 좋습니다. 3 [공개 범위 설정]에서 [내 구독정보 모두 비공개]를 활성화하면 내가 구독을 하고 있는 유튜브 채널 관리자가 내가 구독하는지 알 수 없습니다.

1 이제 내 유튜브 채널에 동영상을 업로드 해보겠습니다. 유튜브 홈 화면 하단에 [+] 버튼을 터치합니다. 2 [동영상 업로드]를 터치합니다. 3 동영상 비율이 16:9인 동영상을 선택합니다. 비율이 1:1, 3:4, 9:16의 영상들은 쇼츠(Shorts) 영역으로 넘어가므로 만약에 자신의 갤러리에 16:9 비율의 영상이 없다면 카메라로 짧게 주변 영상을 찍어서 가져오면 됩니다.

❶ 갤러리에서 선택한 영상이 16:9 비율이라면 하단에 [Shorts 동영상으로 수정] 메뉴가 보입니다. [다음]을 터치합니다. ❷ ① [제목 작성]을 할 때는 왼쪽 앞쪽에는 시청자들이 관심을 가질 만한 키워드를 먼저 써주는 것이 좋습니다. ② 대표 이미지 왼쪽 상단에 [그림] 아이콘을 터치하면 자신의 유튜브 채널 인증을 전화번호 인증으로 쉽게 받을 수 있습니다. 채널 인증을 받게 되면 유튜브에 15분 이상 영상을 업로드 할 수 있고, 대표 이미지(썸네일)도 변경할 수 있습니다. ❸ [설명 추가] 터치합니다.

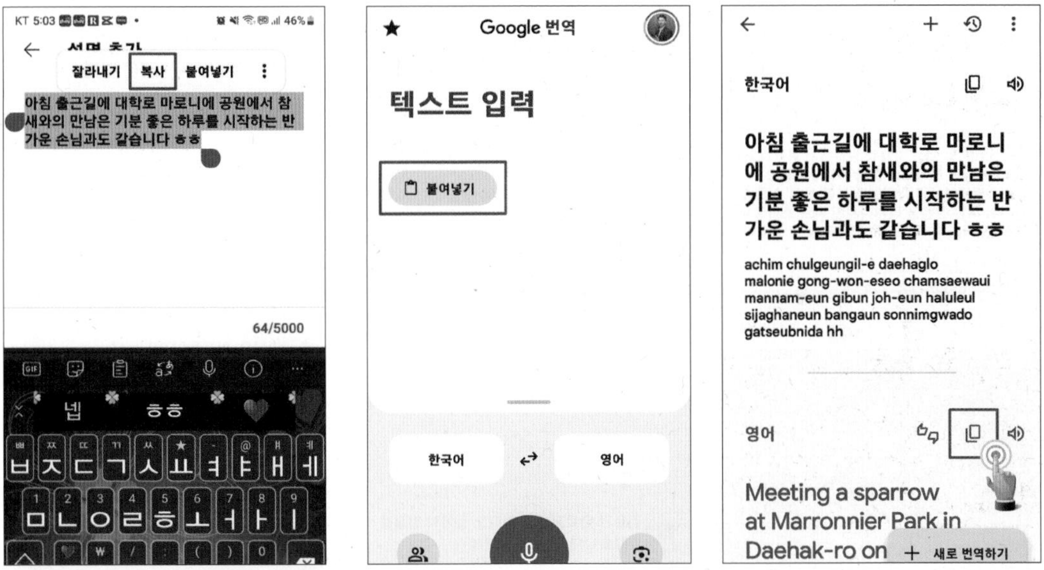

❶ 업로드한 영상에 대한 설명을 기재할 때 한글로만 작성하는 것이 아니라 한글로 작성한 내용을 복사해서 영어 및 자신이 홍보하고 싶은 나라의 언어를 선택해서 같이 기재해 준다면 유튜브 로직이 한국뿐만 아니라 해외에도 자신이 업로드한 영상 콘텐츠를 홍보할 가능성이 많아집니다. ❷ 스마트폰 자판이 네이버 스마트보드가 설치되어 있다면 쉽게 할 수 있지만, 여기서는 [구글 번역]을 사용해 보겠습니다. 한글을 복사해서 [붙여넣기] 터치합니다. ❸ 하단에 번역하고 싶은 언어를 선택합니다.

설명 추가
Meeting a sparrow at Marronnier Park in Daehak-ro on the way to work in the morning is like a welcome guest to start a pleasant day.
1
스마트폰 및 SNS마케팅 관련해서 공부하고 싶으시다면 스마트폰 활용지도사 유튜브 채널에 방문하시면 다양한 정보를 보실 수 있습니다. 하단 멘션을 터치하시면 바로 스마트활용지도사 유튜브 채널로 이동하실 수 있습니다.
2
321/5000
설명 추가
start a pleasant day.
스마트폰 및 SNS마케팅 관련해서 공부하고 싶으시다면 스마트폰 활용지도사 유튜브 채널에 방문하시면 다양한 정보를 보실 수 있습니다. 하단 멘션을 터치하시면 바로 스마트활용지도사 유튜브 채널로 이동하실 수 있습니다.
@스
324/5000
스터디언
@studian365 · 구독중
스마트폰 활용지도사-미래유망직업
@smartphoneteacher · 구독자 2.35만명
스마트리더
@smartleader · 구독중
롱차이나 중국어 스쿨
@user-rn4vp2do5f · 구독중
스2맵 제작러
@S2map · 구독중
스마트메이커
@mbizmaker1 · 구독중

1 ① 영어로 번역된 내용을 붙여넣기 합니다. ② 업로드한 콘텐츠에 대한 설명을 하는 중간이나 마지막에 자신의 유튜브 채널로 유입을 하고자 한다면 [멘션] 기능을 사용하는 게 좋습니다. [멘션]을 하고자 하는 자신의 채널을 선택하기 전, 멘션하고자 하는 채널에 방문하면 무엇이 좋은지 먼저 설명해 주는 게 좋습니다. 2 멘션을 하고자 한다면 [@]을 입력하고 해당 채널 이름을 검색합니다. 3 채널 이름 앞에 1~2글자만 입력해도 자동검색어처럼 찾고자 하는 채널명이 보이게 되는데 해당 채널이 보이면 선택합니다.

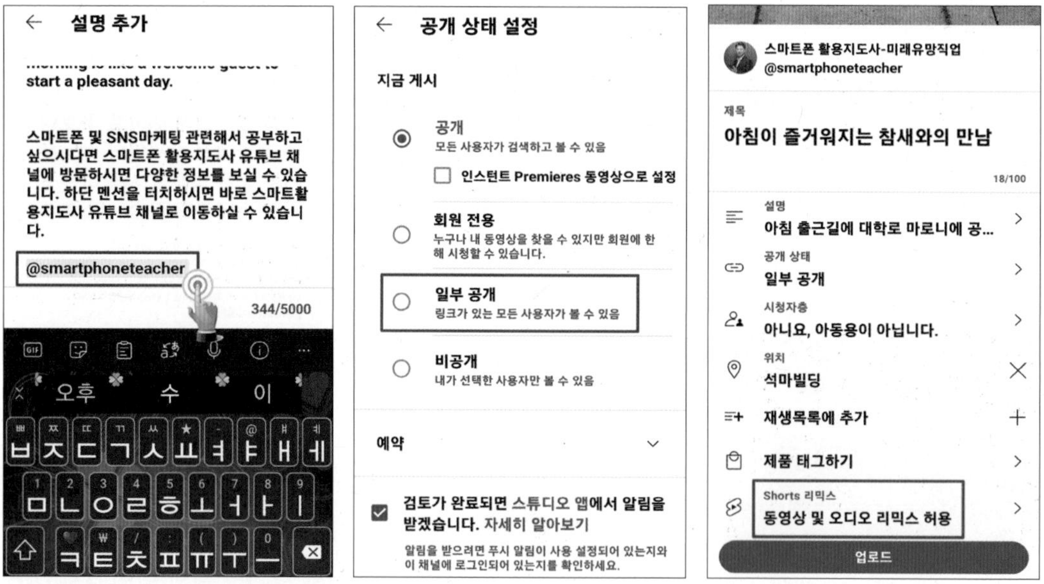
설명 추가
start a pleasant day.
스마트폰 및 SNS마케팅 관련해서 공부하고 싶으시다면 스마트폰 활용지도사 유튜브 채널에 방문하시면 다양한 정보를 보실 수 있습니다. 하단 멘션을 터치하시면 바로 스마트활용지도사 유튜브 채널로 이동하실 수 있습니다.
@smartphoneteacher
344/5000
공개 상태 설정
지금 게시
공개
모든 사용자가 검색하고 볼 수 있음
인스턴트 Premieres 동영상으로 설정
회원 전용
누구나 내 동영상을 찾을 수 있지만 회원에 한해 시청할 수 있습니다.
일부 공개
링크가 있는 모든 사용자가 볼 수 있음
비공개
내가 선택한 사용자만 볼 수 있음
예약
검토가 완료되면 스튜디오 앱에서 알림을 받겠습니다. 자세히 알아보기
알림을 받으려면 푸시 알림이 사용 설정되어 있는지와 이 채널에 로그인되어 있는지를 확인하세요.
스마트폰 활용지도사-미래유망직업
@smartphoneteacher
제목
아침이 즐거워지는 참새와의 만남
18/100
설명
아침 출근길에 대학로 마로니에 공...
공개 상태
일부 공개
시청자층
아니요, 아동용이 아닙니다.
위치
석마빌딩
재생목록에 추가
제품 태그하기
Shorts 리믹스
동영상 및 오디오 리믹스 허용
업로드

1 멘션된 채널을 편집화면에서는 선택하면 이동하지 않지만 영상을 시청하는 경우 해당 멘션된 채널을 선택하면 바로 멘션된 채널로 이동할 수 있습니다. 2 [공개 상태] 메뉴를 터치하면 공개 여부를 선택할 수 있습니다. [일부 공개]를 선택하면 유튜브에서 검색은 되지 않지만, 타인에게 공유해서 같이 볼 수 있습니다. 3 내 영상 업로드 후 쇼츠(Shorts)를 바로 만들 수 있고 타인이 내 동영상 사용 여부를 선택하고 싶다면 [동영상 및 오디오 리믹스 허용]을 터치합니다.

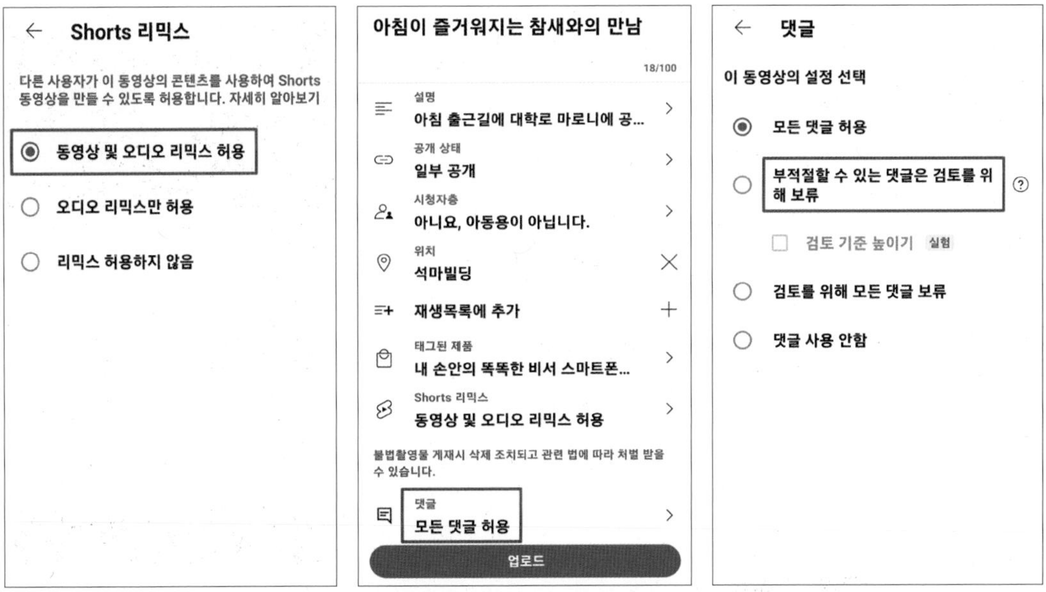

❶ 콘텐츠를 리믹스해 만든 Shorts 동영상은 원본 동영상을 출처로 표시하므로 신규 시청자가 내 콘텐츠를 발견할 수 있는 좋은 기회가 됩니다. [동영상 및 오디오 리믹스 허용] 터치합니다. ❷ 댓글 허용 여부를 선택하기 위해 [모든 댓글 허용]을 터치합니다. ❸ [부적절할 수 있는 댓글은 검토를 위해 보류]를 선택하면 부적절할 수 있는 댓글이 올라오면 YouTube 스튜디오에서 검토를 위해 자동으로 보류되며 내가 승인한 후에만 게시됩니다. [?] 아이콘을 터치하시면 자세한 내용을 볼 수 있습니다.

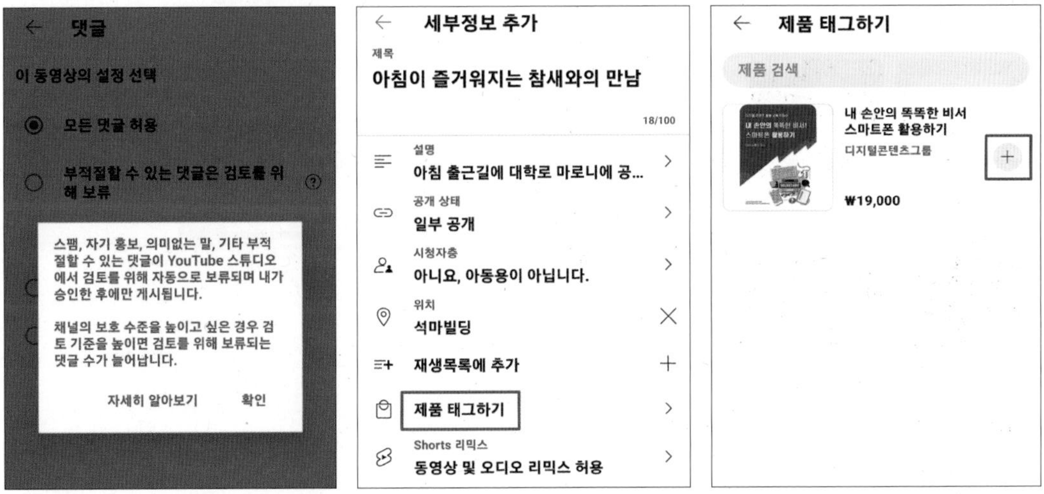

❶ [자세히 알아보기]를 터치하면 댓글 설정에 대한 자세한 내용을 볼 수 있습니다.
❷ 유튜브 쇼핑 기능을 활용하면 유튜브에서 자신이 판매하고자 하는 상품을 바로 홍보하고 구매로 이어지게 할 수 있습니다. 물론 유튜브 쇼핑 기능을 활용하고자 한다면 YPP(YouTube Partner Program) 계약이 되어 있어야 합니다. 요즘은 YPP 계약이 많이 완화되어서 구독자 수 500명, 영상 유효시청시간 3,000시간 또는 90일간 쇼츠 조회수 300만 회 이상을 달성하면 YPP에 가입할 수 있습니다. [제품 태그하기] 터치합니다. ❸ 유튜브 쇼핑의 경우 국내에서는 카페24와 제휴가 되어 있어 카페24에서 상품등록을 마치면 등록한 상품이 보이게 됩니다.

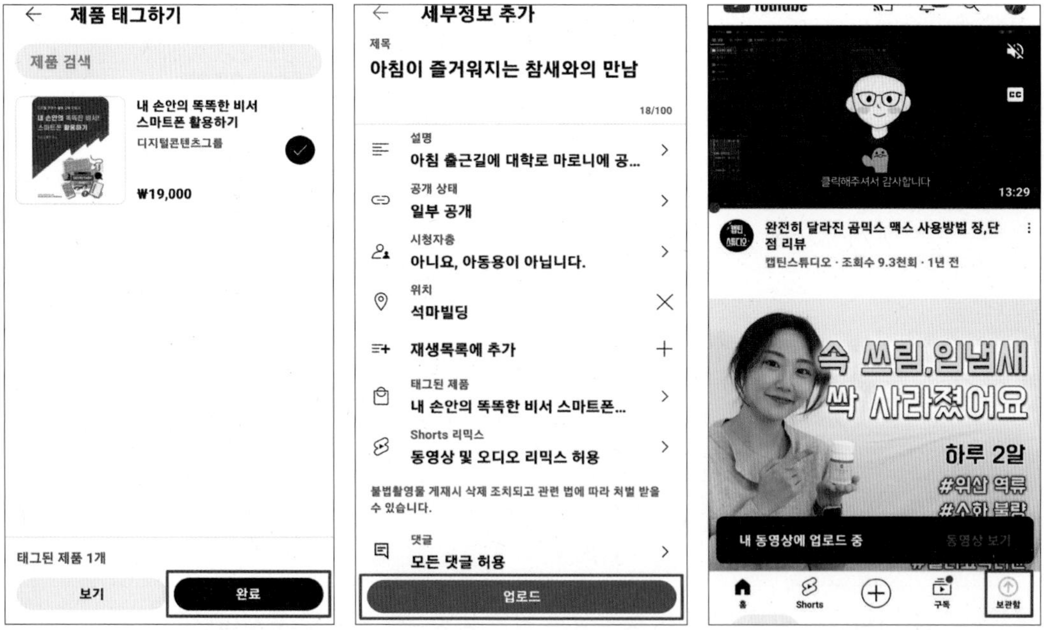

1 업로드한 유튜브 영상에 노출시키고 싶은 상품을 선택한 후 하단 [완료] 버튼을 터치합니다. 2 제목부터 댓글까지 모두 작성한 후 [업로드] 버튼을 터치합니다. 3 화면 하단에 [내 동영상에 업로드 중]이라고 표시되는데 업로드한 영상을 확인하고자 한다면 [동영상 보기] 또는 [보관함]을 터치합니다.

1 [내 동영상]을 터치합니다. 2 영상이 업로드가 완료되면 [시청 준비 완료] 표시가 파란색으로 보이고 영상을 수정하고자 한다면 손가락으로 화면을 위에서 아래로 한번 드래그합니다. 3 그럼 [조회수 없음]이라고 표시가 되고 우측에 [점 3개]를 터치하면 [재생목록]을 새로 만들어서 저장할 수 있고 업로드한 영상에 대한 설명을 수정할 수 있습니다.

1 [재생목록에 저장]을 터치합니다. 2 [새 재생목록]을 터치해서 새로 만들어서 저장할 수 있습니다. 3 예를 들어 [풍요로운 인생] 재생목록을 새로 만들어서 저장할 수 있습니다.

1 [유튜브 스튜디오] 앱을 설치하면 업로드한 콘텐츠에 대한 수정과 분석을 동시에 할 수 있습니다. 구글 Play스토어에서 다운로드 받을 수 있지만 여기서는 업로드된 동영상 우측에 [점 3개] 터치한 후 [스튜디오에서 고급 설정 수정]을 터치합니다. 2 [설치]를 터치합니다.
3 설치가 완료되면 [열기]를 터치합니다.

❶ 처음 설치하는 경우 유튜브 계정을 선택하라고 나올 수 있습니다. ❷ Studio 화면 우측 상단에 원형 아이콘을 터치합니다. ❸ ① [채널 프로필 수정]을 터치하면 채널 프로필을 바로 수정할 수 있습니다. ② [설정]을 터치하면 [댓글 알림] 등 스튜디오 앱에 대한 다양한 기능 등을 변경할 수 있습니다.

❶ [댓글 알림]을 터치하면 댓글에 대한 옵션을 선택할 수 있습니다. ❷ [중요도가 높은 댓글에 대한 알림 수신]의 예로는 내 댓글에 대한 답글이나 관련 콘텐츠와 연관성이 많은 키워드가 등록될 때를 말합니다. ❸ ① [채널 분석] 밑으로 각 키워드를 터치하면 해당 분석 메뉴로 이동합니다. ② 업로드한 영상 콘텐츠 전체를 보고 싶다면 [콘텐츠]를 터치합니다.

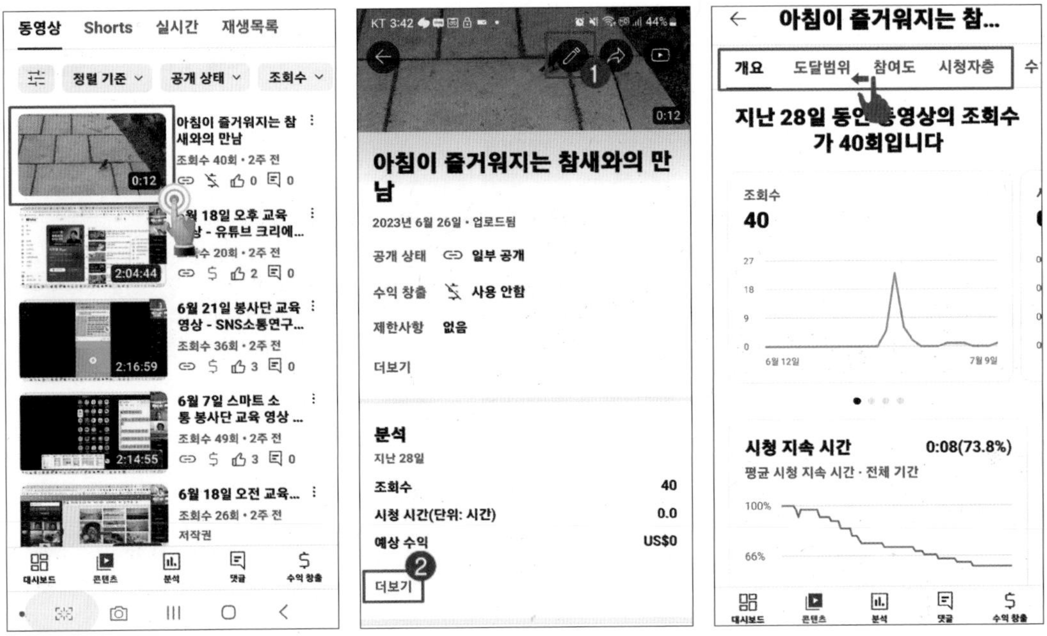

❶ 업로드된 영상을 터치합니다. ❷ ① 볼펜 아이콘을 터치하면 유튜브 썸네일을 변경할 수 있습니다. ② [더보기]를 터치하면 해당 영상에 대한 분석 결과를 볼 수 있습니다. ❸ 해당 영상에 대한 분석 화면이 보이는데 상단 분석 메뉴 키워드를 터치하면 해당 키워드에 대한 결과를 볼 수 있습니다.

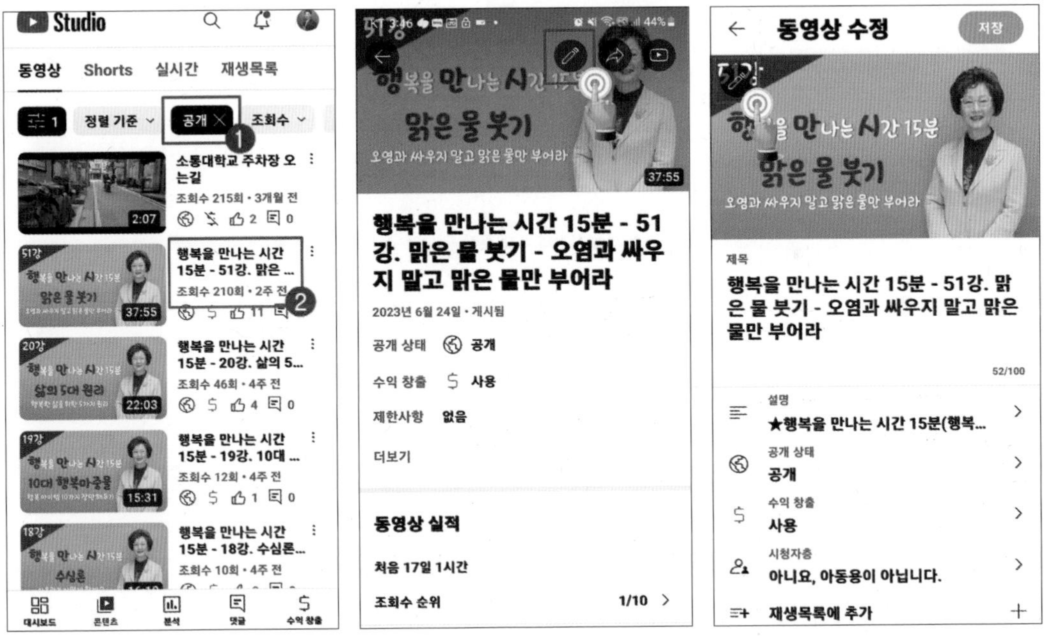

❶ 하단 메뉴 [콘텐츠] 화면에서 상단 [공개 상태]를 ① [공개]로 변경하면 유튜브에 공개된 영상만 보입니다. ② 제목을 터치하면 해당 영상 수정화면으로 이동합니다. ❷ 상단 볼펜 아이콘을 터치하면 썸네일을 변경할 수 있습니다. ❸ 좌측 상단 볼펜 아이콘을 터치합니다.

1 현재 썸네일 대신 다른 이미지로 변경하고 싶다면 [변경]을 터치합니다. 2 자신의 스마트폰 갤러리에서 원하는 사진을 선택합니다. 3 선택한 이미지로 대체되었다면 우측 상단 [완료] 버튼을 터치합니다.

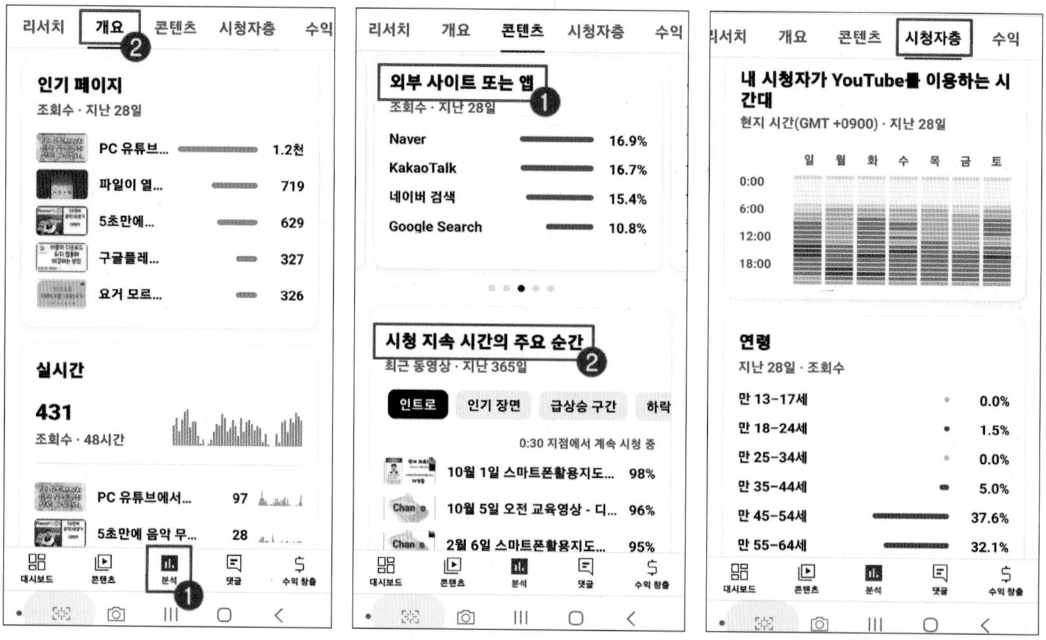

1 ① [분석] 화면에서 ② [개요]는 자신의 채널에서 인기 있는 콘텐츠와 실시간 조회수가 높은 콘텐츠들을 살펴볼 수 있습니다. [인기 페이지]와 [실시간] 터치하면 자세한 사항을 볼 수 있습니다. 2 [콘텐츠]는 ① [시청자가 내 동영상을 찾는 방법]에 대해서 궁금하다면 손가락으로 우측에서 좌측으로 드래그하면 자세하게 볼 수 있습니다. ② [시청 지속 시간의 주요 순간]이 궁금하다면 하단 메뉴들을 터치해서 알아볼 수 있습니다. 3 [시청자층]은 시간대, 연령, 성별, 지역별로 분석 결과를 볼 수 있습니다.

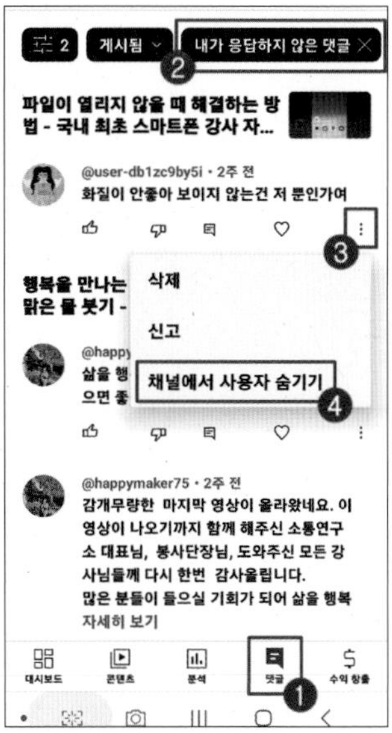

❶ [수익] 화면에서는 [예상 수익]을 터치하면 기간별로 수익 현황을 볼 수 있습니다. ❷ [전체 기간]을 터치하면 해당 채널에서 벌어들인 전체 수익을 볼 수 있습니다. ❸ ① [댓글] 화면에서는 ② [내가 응답하지 않은 댓글]을 선택해서 성실히 답변해 주는 게 좋습니다. 그리고 이상한 댓글을 작성하는 경우도 있는데 그럴 때는 ③ 댓글 우측에 [점 3개]를 터치해서 ④ [채널에서 사용자 숨기기] 메뉴를 선택하면 이후로는 댓글을 달아도 내 채널에서는 보이지 않습니다.

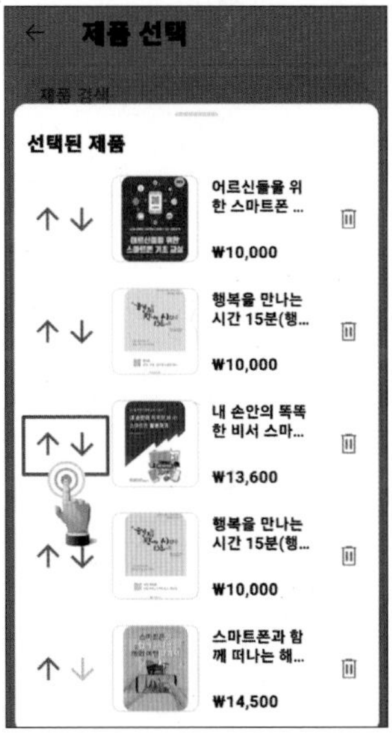

❶ [수익 창출] 화면에서는 수익 창출 방법에 대해서 다양하게 제공해 주고 있는데 여기서는 [유튜브 쇼핑]에 대해서만 알아보겠습니다. 물론 앞에서 영상 업로드 간략하게 설명했지만 [YPP 계약]이 된 사람만 유튜브 쇼핑 메뉴를 사용할 수 있습니다. [쇼핑] 메뉴에서 [관리]를 터치합니다. ❷ 채널에 등록된 제품의 순서를 변경하고자 한다면 [직접 제품 선택하기] 터치합니다. ❸ 선택된 제품들이 보이고 위아래 화살표를 터치해서 제품의 순서를 변경할 수 있습니다. 맨 위가 시청자가 보는 유튜브 영상 화면에서는 좌측부터 순서대로 보이게 됩니다. 순서를 변경하고 나면 스마트폰 내비게이션 바에서 뒤로 버튼을 터치합니다.

1 내가 변경한 순서대로 보이지 않습니다. 그냥 무시하고 하단 [저장] 버튼을 터치합니다.

2 그다음 화면은 내가 정한 순서대로 제품들이 보입니다.

memo

07강 | 인스타그램

[인스타그램]
'세상의 모든 순간을 포착하고 공유한다.'라는 슬로건으로 인스타그램은 '인스턴트 카메라(Instant camera)'와 '텔레그램(Telegram)'의 합성어로 사진과 동영상을 공유하는 SNS 앱으로, 2010년에 출시되었으며 현재 25개국 언어로 전 세계 10억 명 이상이 사용하고 있는 인기있는 소셜 네트워크 서비스입니다.

[인스타그램 용어]
- 피드(Feed) : 1:1 비율 사진으로 최대 10장까지 업로드 가능하고 내가 올린 게시물들이 모여 있는 곳입니다.
- 스토리(Story) : 24시간 동안만 보이는 게시물입니다.
- 하이라이트 : 스토리를 보관하는 곳, 각각의 폴더를 만들어 제목 지정할 수 있습니다.
- 릴스(Reels) : 9:16 세로 비율로 짧은 동영상을 만들어 다양한 효과와 음악을 사용할 수 있으며 15초~90초까지 업로드 가능합니다.
- 리믹스(Remix) : 다른 사람이 올린 릴스 영상에 내 영상을 함께 추가하여 올리는 재미있는 기능입니다.
- 라이브(Live) : 실시간으로 방송하는 것, 방송 중에 시청자와 실시간 채팅으로 소통할 수 있습니다.
- 스토리 하이라이트 : 스토리에 게시한 콘텐츠를 저장하고, 여러 개의 하이라이트 콘텐츠를 생성할 수 있으며, 자신만의 특별한 내용을 보여줄 수 있습니다.
- 해시태그 : #으로 시작하는 단어 또는 구문으로 검색할 수 있는 키워드, 해시태그는 반드시 붙여서 사용해야 합니다. (#스마트폰활용지도사 #스마트폰강사 #디지털노마드)
- 팔로우(Follow) : 상대방에게 친구로 추가하는 행위
- 팔로워(Follower) : 상대방이 나를 친구로 추가
- 팔로잉(Following) : 내가 상대방을 친구로 추가
- 맞팔로우(맞팔) : 상대방과 서로 친구 맺음

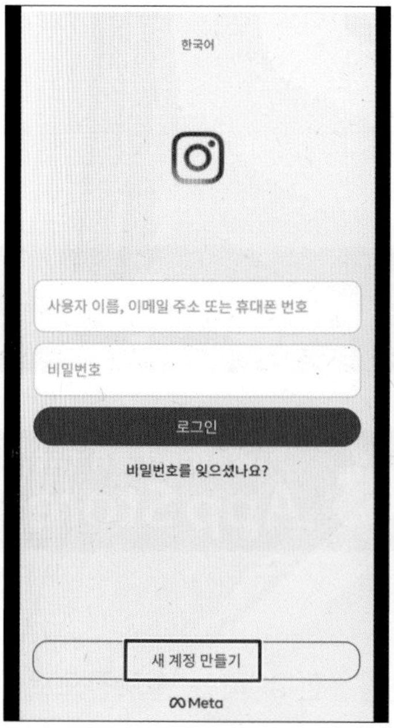

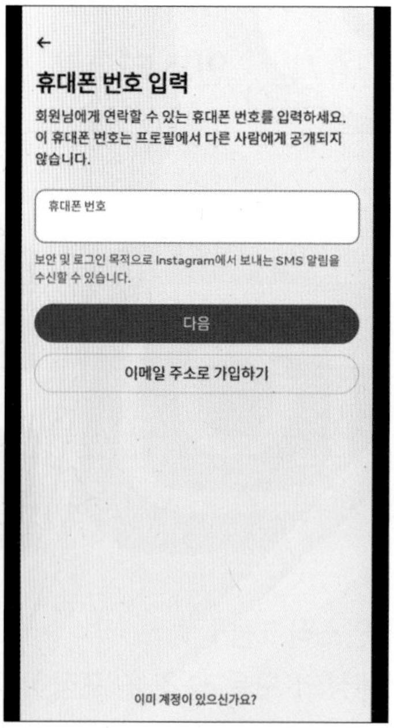

1 [Play 스토어]에서 [인스타그램]을 검색하여 설치 후 열기 합니다. 2 회원가입을 하기 위해 [새 계정 만들기]를 터치합니다. 3 전화번호 또는 이메일 주소로 [회원가입]을 합니다.

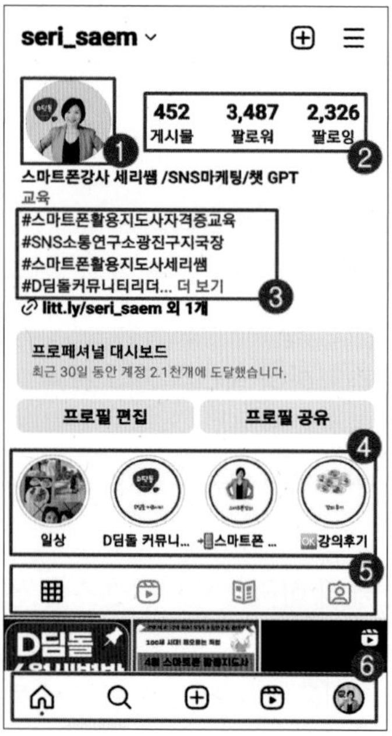

▶ ① [프로필 사진]과 [스토리]를 올릴 수 있습니다.
② [게시물, 팔로워, 팔로잉] 본인이 올린 게시물 숫자와 나와 친구 맺은 사람들입니다.
③ [소개글] 본인을 소개할 수 있는 곳입니다.
④ [하이라이트] 스토리에 올린 게시물을 보관할 수 있는 곳입니다.
⑤ [피드, 릴스, 가이드, 내가 태그된 피드] 게시물을 카테고리별로 선택해서 볼 수 있는 곳입니다.
⑥ 홈 화면 5가지
[홈 버튼] 내가 팔로우하고 있는 사람들이 올린 게시물 확인
[검색창] 게시물, 사람, 음악, 해시태그, 장소 검색
[피드 올리기] 게시물, 스토리, 릴스, 라이브 사진이나 동영상 업로드
[릴스] 9:16 세로 비율 동영상을 음악과 함께 업로드 가능
[내 프로필] 내 인스타그램 계정

▣ 프로필 설정

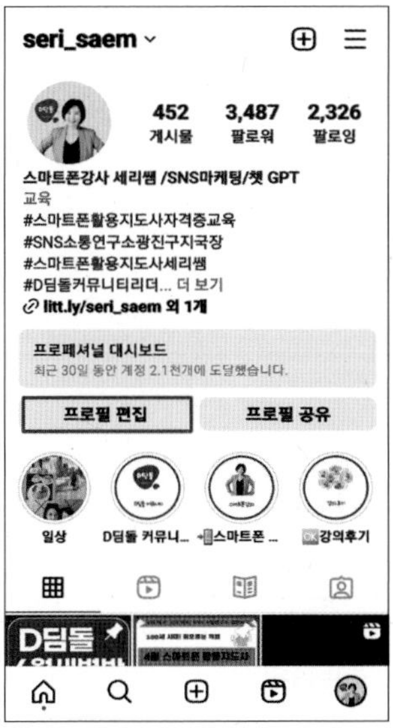

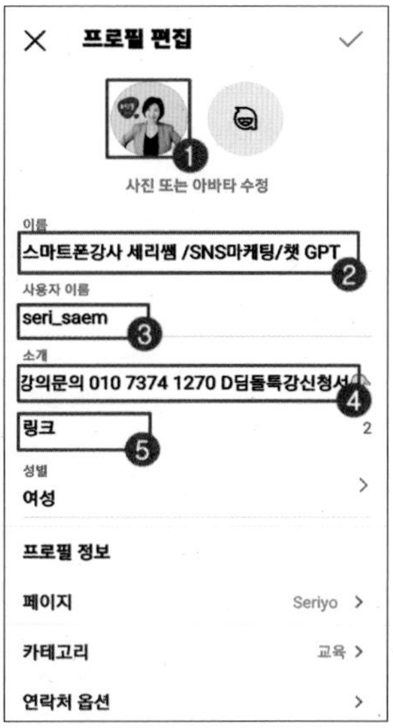

❶ [프로필 편집]을 터치합니다. ❷ ① [프로필 사진] 사람, 로고, 제품 사진, 아바타를 입력합니다. ② [이름] 상호, 닉네임과 키워드를 입력합니다. ③ [사용자 이름] 이름, 상호, 브랜드명, 영문으로 입력합니다. ④ [소개] 브랜드나 제품에 대한 정보를 포함하여 자신의 개성과 특징을 잘 나타내는 문구를 간결한 문장으로 작성합니다. #해시태그 및 @계정태그 사용하여 검색 가능합니다. ⑤ [링크] 사용하고 있는 SNS 채널 주소 링크 또는 쇼핑몰 홈페이지, 프로모션, 예약, 지도, 이벤트 등 브랜드를 알리는 마케팅 방법으로 활용할 수 있습니다.

▣ 설정 및 개인정보 - 계정 공개 범위, 공유 및 리믹스 메뉴 설명하기

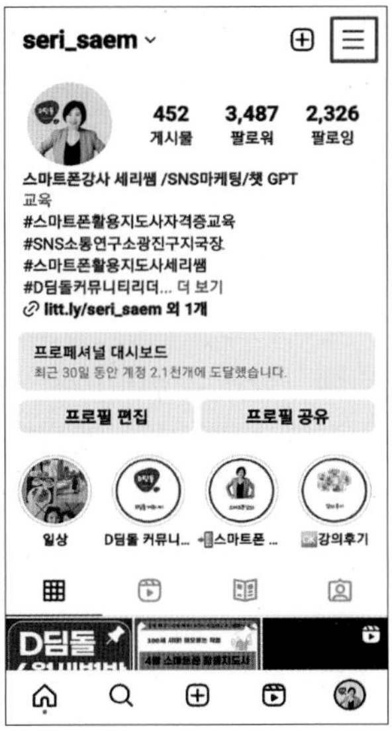

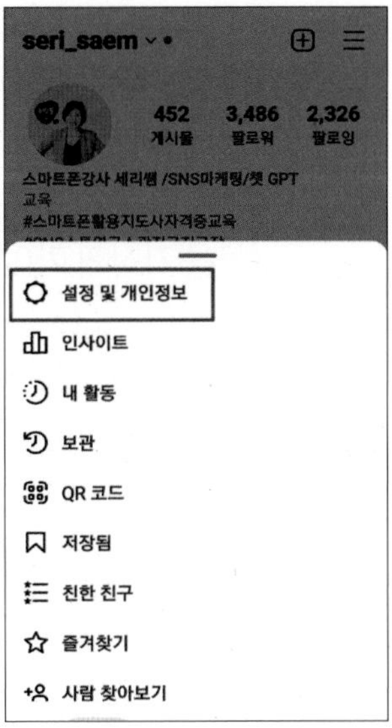

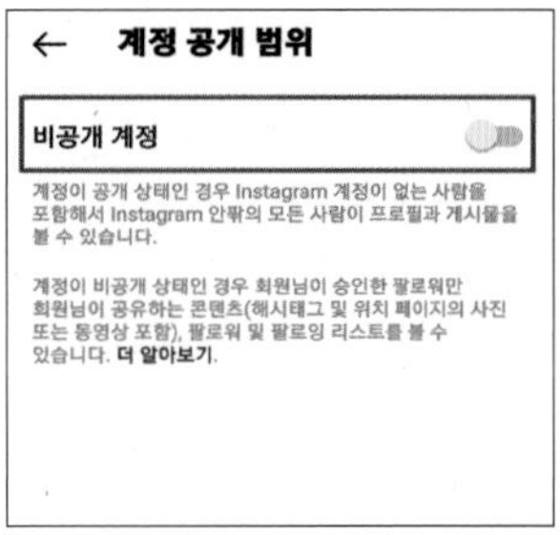

❶ 상단 오른쪽에 [메뉴바 삼선]을 터치합니다. ❷ [설정 및 개인정보]를 터치합니다.
❸ [계정 공개 범위]를 터치합니다. [비공개 계정] 상태인 경우 내가 승인한 팔로워만 공유한 콘텐츠를 볼 수 있고(해시태그 및 위치 사진 또는 동영상 포함) 팔로우 및 팔로잉 리스트를 볼 수 있습니다.

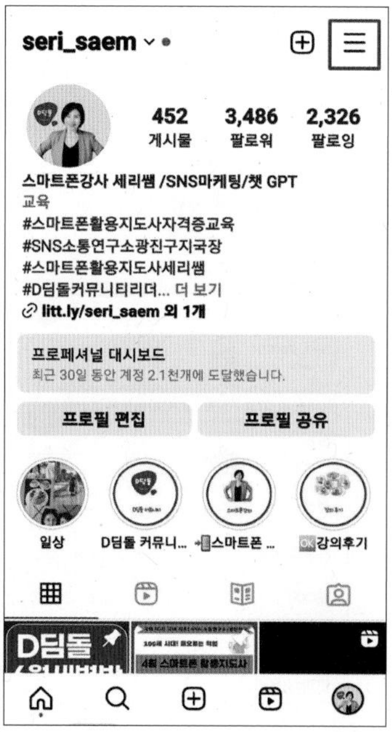

1 인스타그램에서 '공유 및 리믹스'는 다른 사람이 게시한 게시물을 가져와서 자신이 새로운 내용을 추가하여 새로운 게시물로 만들어 올릴 수 있습니다. 상단 오른쪽에 **[메뉴바 삼선]**을 터치합니다. **2** [공유 및 리믹스]를 터치합니다.

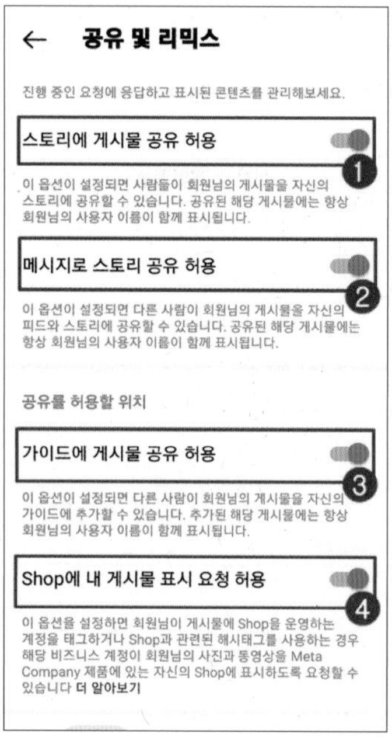

▶ ① **[스토리에 게시물 공유 허용]** 나의 게시물을 다른 사람의 스토리에 공유할 수 있습니다.
② **[메시지로 스토리 공유 허용]** 다른 사람이 나의 게시물을 피드와 스토리에 공유할 수 있습니다.
③ **[가이드에 게시물 공유 허용]** 다른 사람이 나의 게시물을 자신의 가이드에 추가할 수 있습니다.
④ **[Shop에 내 게시물 표시 요청 허용]** 나의 게시물에 Shop을 운영하는 계정을 태그하거나 Shop과 관련된 해시태그를 사용하는 경우 해당 비즈니스 계정이 나의 사진과 동영상을 보여줍니다. 그러나 이 기능을 사용하려면 내가 Shop에서 게시물을 만들고 샵에 태그합니다.

▶ 리믹스란?

다른 사람이 만든 영상 또는 사진을 가져와 자신의 게시물에 합성하여 새로운 영상을 만들 수 있습니다. 화면을 2분할하여 다른 사람이 제작한 게시물과 콜라보 가능한 기능입니다. 내 게시물에 공유 및 리믹스 기능을 사용할 수 있도록 허용으로 설정해야 합니다.

① [**릴스 리믹스 허용**] 나의 동영상 또는 사진이 포함된 릴스를 다른 사람이 리믹스 할 수 있도록 허용 여부를 선택합니다. ② [**피드 동영상 리믹스 허용**] 나의 피드 동영상을 다른 사람이 리믹스 할 수 있도록 허용 여부를 선택합니다. ③ [**게시물 리믹스 허용**] 나의 게시물을 다른 사람이 리믹스 할 수 있도록 허용 여부를 선택합니다. ④ [**페이스북에 스토리 공유**] 내 페이스북에 스토리 공유 여부 선택합니다. ⑤ [**페이스북 내 계정**]으로 릴스를 자동으로 공유할 수 있도록 허용 여부를 선택합니다.

▣ 새 게시물 등록하기

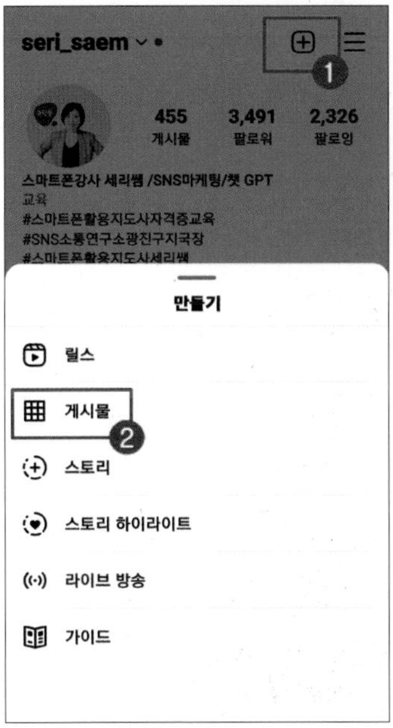

1 새 게시물 등록하기 위해 ① [+]를 터치 후 ② [**게시물**]을 터치합니다.

2 [**게시물**] 터치 후 [**갤러리, 사진, 동영상**] 중에서 게시물로 업로드할 사진, 또는 영상을 선택합니다. (사진은 최대 10장까지 가능합니다) 3 이번에는 [**동영상**]을 선택해 보겠습니다.

▶ 다양한 편집기능을 활용하여 더욱더 예쁘게 꾸밀 수 있습니다.

① [**음악**]을 터치하시면 다양한 장르 음악을 선택할 수 있습니다.

② [**글씨**] 다양한 글씨와 모양, 색상을 선택할 수 있습니다.

③ [**스티커**] 피드를 꾸밀 수 있는 다양한 스티커, 설문, 퀴즈, GIF, 시간, 사진 추가 등 검색을 통해 피드를 꾸밀 수 있습니다.

④ [**그리기**] 다양한 그리기 도구가 있습니다. 펜, 마커, 형광펜, 지우개 등 색상도 다양하게 변경할 수 있고 그림을 저장 또는 공유할 수도 있습니다.

⑤ [**효과**] 다양한 필터 사용으로 감성 및 특수효과를 연출할 수 있습니다.

⑥ [**다운로드**] 동영상을 저장할 수 있습니다. (단, 음악은 저장되지 않습니다)

⑦ [**다듬기**]로 동영상을 수정할 수 있습니다. 상단 편집 기능 사용하여 수정 후 ⑧ [**다음**]을 터치합니다.

1 ① [**커버 수정**] 커버 사진 또는 영상을 변경할 수 있습니다. ② [**문구 입력**] 게시물에 관련된 문구를 입력합니다. #해시태그도 함께 입력할 수 있습니다. 새 게시물로 등록하기 위해 ③ [**공유하기**]를 터치합니다. **2** 새 게시물이 등록된 화면입니다. (게시물 : 피드에 등록해도 동영상은 자동으로 '릴스'로 업로드됩니다) ① [**좋아요**] 내 게시물에 좋아요·하트 보내 준 숫자 표시됩니다. ② [**채팅**] 게시물 채팅 글입니다. ③ [**메신저**] 직접 메시지를 보낼 수 있습니다. (DM)
④ [**더보기 기능**] 리믹스, 다운로드 등 더 많은 기능이 있습니다.

▣ 스토리

1 스토리 올리는 방법은 3가지가 있습니다. 이번에는 ③ [+]를 터치합니다. **2** ① [스토리] 터치 후 직접 사진 촬영 또는 ② [사진 업로드]를 할 수 있습니다. **3** ① [갤러리] 선택 후 ② [원하는 사진] 선택하면 ③ [선택한 사진]이 하단에 표시됩니다. ④ [다음]을 터치합니다.

1 ① [레이아웃] 사진을 묶어서 스토리 등록 (단, [동영상]은 레이아웃 되지 않습니다) ② [하나씩] 각각 1개씩 스토리 등록합니다. ③ [취소]를 터치하면 스토리 추가를 취소할 수 있습니다. **2** [스티커]를 터치하면 다양한 기능을 사용할 수 있습니다.

3 ① [노래 제목] 입력 후 ② [노래 선택]하여 좋아하는 음악을 선택할 수 있습니다.

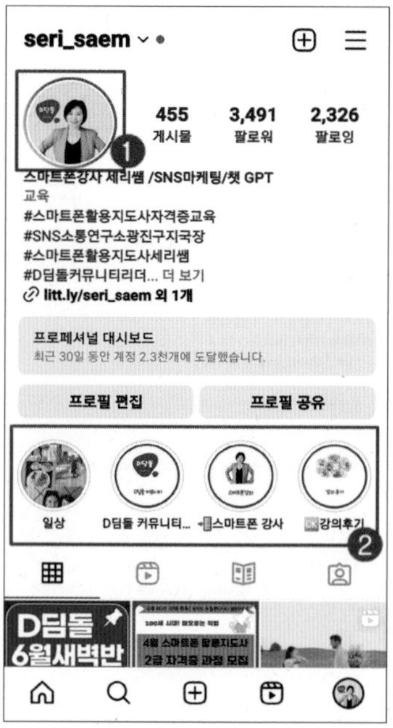

■1 스토리 공유 가능 범위를 선택합니다. ① [내 스토리]는 팔로우에게 보이는 스토리입니다. ② [친한 친구]는 특정 친구를 지정할 수 있습니다. ③ [메시지] DM이라고 부르며 메시지로 공유되는 것입니다. 원하는 항목 선택 후 ④ [공유]를 터치합니다. ■2 스토리는 24시간 동안만 노출되기 때문에 보관하고 싶으면 [하이라이트에 추가]할 수 있습니다. [완료] 선택하면 스토리에 등록됩니다. ■3 ① [스토리 등록 중] 프로필 사진에 빨간색 테두리가 표시됩니다. ② [하이라이트]에 추가되어 폴더로 만들어서 언제든 볼 수 있습니다.

▶ 24시간 동안에만 보이는 스토리에 등록되었습니다. 아래 다양한 기능을 사용할 수 있습니다.

① [활동] 팔로우가 내 스토리에 좋아요를 확인할 수 있습니다.

② [만들기] 스토리를 다시 편집하여 올릴 수 있는 기능입니다.

③ [Facebook] 페이스북에 공유할 수 있습니다.

④ [보내기] 메시지로 보낼 수 있습니다.

⑤ [더보기] 메뉴에는 삭제, 동영상 저장, 게시물로 공유, 링크 복사 등 더 많은 기능들을 볼 수 있습니다.

▣ 릴스

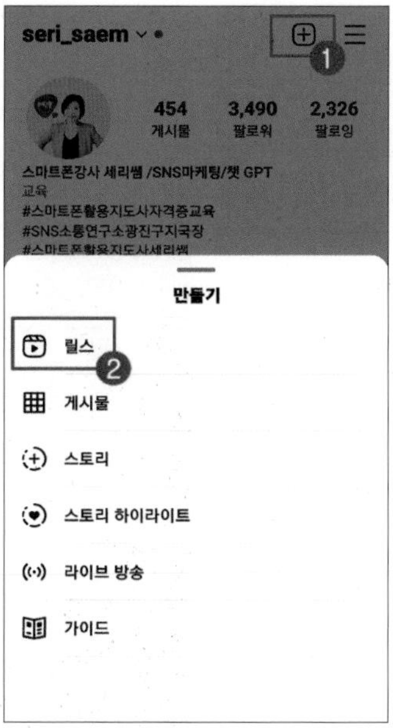

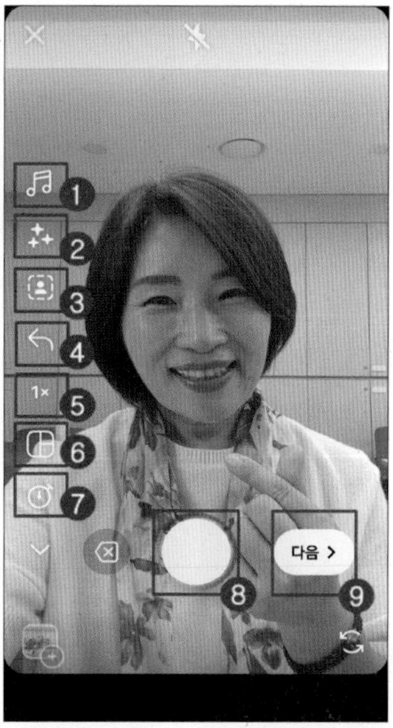

1 ① [+]를 터치한 후 ② [릴스]를 선택합니다. 2 ① [오디오] 원하는 음악을 선택할 수 있습니다. ② [효과] 다양한 필터로 꾸밀 수 있습니다. ③ [그린스크린] 크로마키와 배경을 제거할 수 있습니다. ④ [직접 추가] 다른 사람의 게시물을 직접 올릴 수 있습니다. ⑤ [속도] 동영상 속도를 조절할 수 있습니다. ⑥ [레이아웃] 다양한 레이아웃 선택할 수 있습니다. ⑦ [시간] 최대 90초까지 가능합니다. ⑧ [촬영] 동영상 촬영 버튼입니다. ⑨ [다음] 완성되면 다음 화면으로 이동합니다.

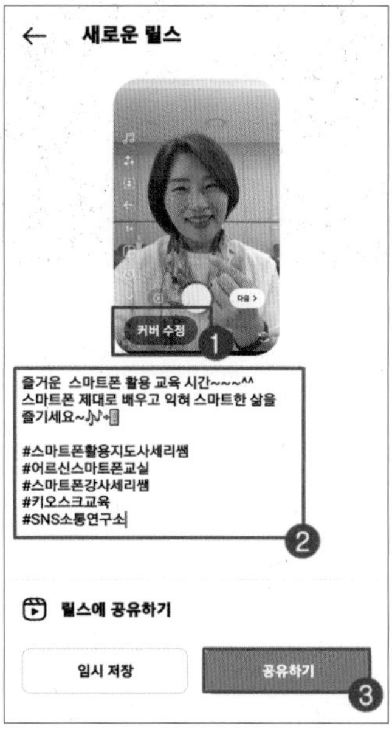

1 다양한 편집 기능 사용 후 [다음]을 터치합니다. 2 ① [커버 수정] 보여지는 화면에 사진을 변경할 수 있습니다. ② 문구 입력과 #해시태그를 입력할 수 있습니다. ③ [공유하기]를 터치합니다. 3 다양한 공유 방법을 활용 후 [공유하기]를 터치하여 릴스에 영상을 업로드합니다.

▣ 라이브 방송하기

1 개인 라이브 방송을 시작하기 위해 [화면]을 터치합니다. **2** [제목 추가]와 [공개 대상 설정] 가능합니다. **3** ① [참여 요청] 라이브 방송 참가를 신청할 수 있습니다. ② [방송 초대] 시청하고 있는 사람을 라이브에 초대할 수 있습니다. ③ [질문] 방송 시청 중에 질문을 할 수 있습니다. ④ [메시지] 참석자들에게 메시지를 보낼 수 있습니다.

1 [방송 종료] 라이브 방송을 종료합니다. **2** [공유하기] 라이브 방송을 내 피드에 공유할 수 있습니다. **3** 라이브 방송 제목 관련된 문구와 #해시태그를 입력 후 사람 태그 및 위치 추가를 사용하여 [공유]를 터치하면 릴스로 업로드됩니다.

■ 하이라이트

■1 하이라이트 만들기 위해 [+]를 터치합니다. ■2 그동안 스토리에 게시한 콘텐츠가 보입니다. 원하는 스토리 중 여러 장 선택할 수 있습니다. [12개 선택]했습니다. ■3 하이라이트 ① [제목, 커버 사진]을 만들 수 있습니다. 자신만의 특별한 하이라이트로 릴스를 만들어 보세요. ② [사용해보기] 터치합니다.

■1 원하는 ① [음악]을 선택 후 ② [다음]을 터치합니다. ■2 ① [커버 수정]이 가능합니다. ② [문구 입력과 #해시태그]를 입력한 후 ③ [공유하기]를 터치합니다.
■3 새로운 [하이라이트] 폴더가 만들어졌습니다.

▣ 개인 계정 VS 비즈니스 계정

1. 개인 계정 : 이름, 프로필 사진, 웹사이트, 소개글, 게시물, 팔로워, 팔로잉 통계를 볼 수 있으나, 광고를 게시할 수 없습니다.
2. 비즈니스 계정 : 광고를 만들거나 홍보를 할 수 있으며, 제품, 서비스, 비즈니스에 대한 자세한 정보를 알리는 목적으로 사용되며, 유료 광고를 통해 직접적인 홍보가 가능합니다.

▶ 데이터 확보 : 프로필 조회, 도달, 노출, 게시물 인사이트, 스토리, 홍보로 팔로워의 지역, 연령, 성별 및 접속 요일, 시간 등 인사이트를 통해 확인할 수 있습니다.
▶ 광고와 데이터 분석 : ① 직접 홍보를 통해 광고 및 광고 성과를 구체적으로 확인 가능
② 피드, 스토리 등 위치에 광고 가능
③ 신규 고객 확보 및 타겟팅 고객 확보 가능

사업 목적이 아니라고 해도 꼭 전환하자!
사업하시는 분이라면 무조건 비즈니스 계정으로 전환하세요!

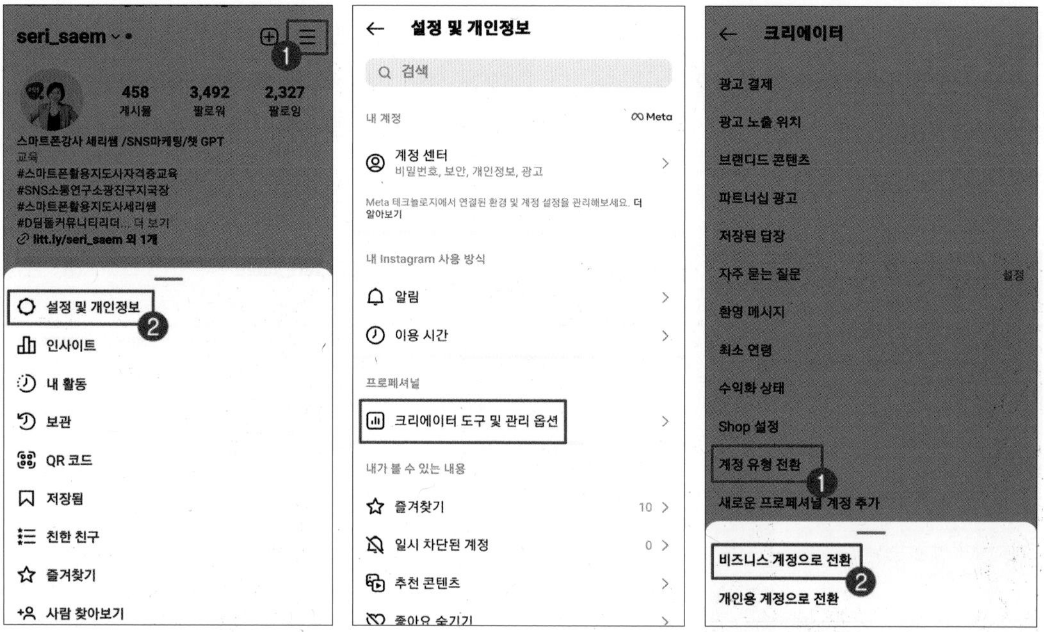

1 비즈니스 계정으로 전환하는 방법입니다. 상단의 ① [삼선]을 터치합니다. ② [설정 및 개인정보]를 터치합니다.
2 [크리에이터 도구 및 관리 옵션]을 터치합니다.
3 ① [계정 유형 전환]을 선택 후 ② [비즈니스 계정으로 전환]을 선택하면 비즈니스 계정으로 변경됩니다.

※ 언제든지 [개인용 계정으로 전환]할 수 있습니다.

▣ 리그램하기

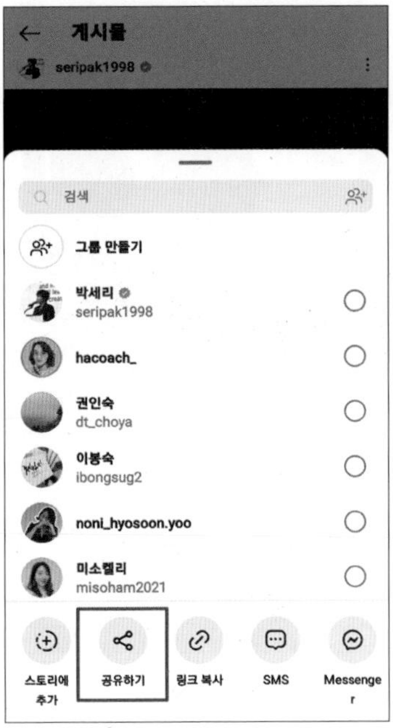

❶ 리그램이란? 다른 사람의 게시글을 자신의 피드에 공유하는 것입니다. [Play 스토어]에서 '리그램' 검색하여 애플리케이션을 설치합니다. 공유하고 싶은 '박세리 님 @seripak1998' 게시글 선택 후 [▽]를 터치합니다. ❷ [공유하기]를 터치합니다. ❸ [리그램]을 터치합니다.

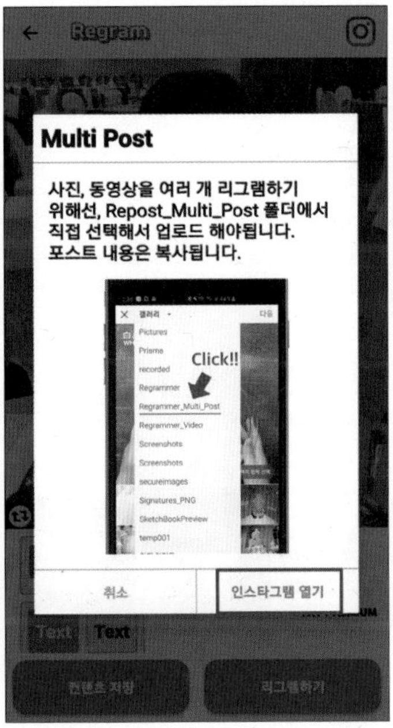

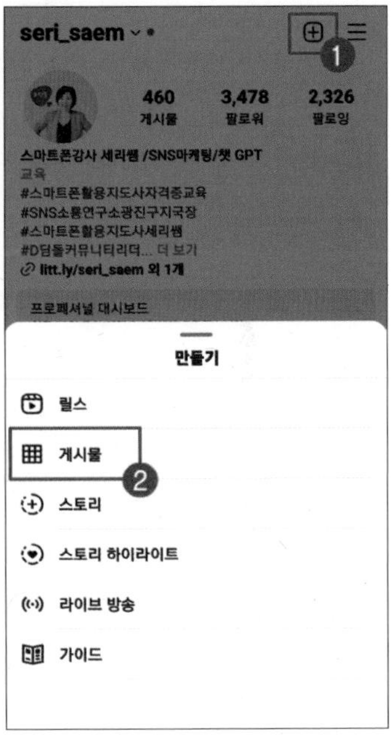

❶ 게시물 7장 모두 저장 완료되면 [다음]을 터치합니다. ❷ 게시물이 여러 개 리그램하기 위해선, 직접 선택해서 업로드 글 확인 후 [인스타그램 열기]를 터치합니다. ❸ 인스타그램 내 계정에서 ① [+]를 터치 후 ② [게시물]을 터치합니다.

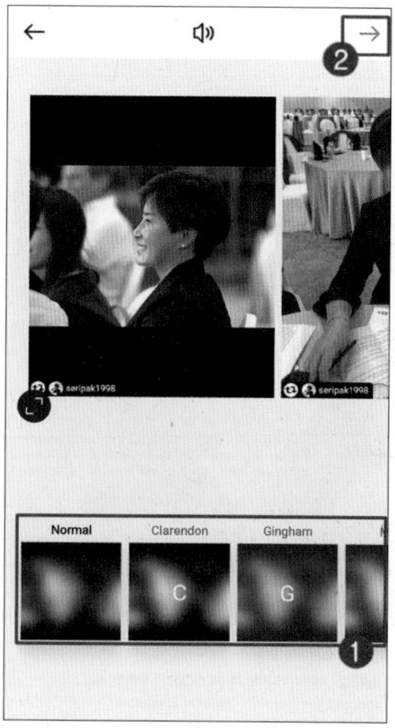

❶ ① [1개 게시물]일 때 선택합니다. ② [여러 개 게시물]일 때 선택합니다. 상단에 ③ [화살표]를 터치합니다. ❷ ① [게시물 7개] 선택 후 상단에 ② [화살표]를 터치합니다.
❸ ① [필터 조정]을 할 수 있습니다. 상단에 ② [화살표]를 터치합니다.

❶ ① [문구 입력]도 할 수 있습니다. 리그램할 때 자동 복사된 글 ② [붙여넣기]를 하면 원본 글 그대로 나타납니다. ③ [화살표]를 터치합니다.
❷ '박세리 님 @seripak1998' 게시물이 내 피드에 [리그램]되어 게시되었습니다.
❸ 내 피드에 [리그램 표시] 원본 게시물 계정이 보입니다.

08강 | 페이스북

[페이스북] 전 세계적으로 25억 명 이상의 사람들이 사용하는, 여러분이 매일 주변과 소통하고 관심 있는 분야의 정보를 찾아보는 방식에 즐거움을 더해주는 무료 앱입니다.

[페이스북] 앱(App)의 특징 및 활용

- 프로필 정보를 통해 어떤 사람인지 알리는 것으로 시작 : 정보 삭제, 수정, 보안 가능, 공개 여부 선택 가능
- 친구를 찾아보고 그들과 교류할 수 있습니다.
- 나도 모르는 사이 원치 않는 사람과 연결을 피할 수도 있습니다.
- 나의 관심사에 따라 선정된 정보로 채워지는 나만의 뉴스피드, 개인화된 공간을 사용합니다.
- 지금 무슨 일이 일어나고 있는지 소식을 공유하고 친구들과 가족들의 소식을 확인해 보세요.
- 좋아하는 연예인, 스포츠 팀, 상점, 브랜드 등의 최신 소식을 손쉽게 접할 수 있습니다.
- 손쉽게 사진과 동영상을 공유할 수 있습니다.
- 여러 장 사진 동시 포스팅, 연관된 사진 앨범을 만들 수도 있습니다.
- 실시간 알림 기능을 사용할 수 있습니다. '좋아요', '댓글' 작성 시 바로 알 수 있습니다.
- 그룹 기능을 사용하여 커뮤니티를 형성할 수 있습니다.
- 공개 그룹, 비공개 그룹으로 원하는 사람들과 공유 가능 이벤트 기능을 사용하여 중요한 일정을 알리고 준비에 도움을 받을 수 있습니다.
- 천재지변과 같이 예상치 못한 순간에도 여러분들의 무사함과 주변 상황을 친구, 지인들에게 알릴 수 있습니다.
- 수많은 게임과 앱에 신속하게 연결 가능합니다.
- 선택적으로 공유 대상을 설정하여 개인정보를 안전하게 관리할 수 있습니다. 공개 범위 설정

▣ 프로필 설정

1 페이스북 앱 실행합니다. 오른쪽 위 [더보기(≡)]를 터치합니다. 2 본인 이름을 터치합니다. 3 ① [프로필 사진] 아이콘을 터치하고 사진을 갤러리나 인스타에서 가져올 수 있고, 아바타 프로필로 교체할 수 있습니다. ② [배경 커버] 사진을 터치하고 수정합니다. ③ [아바다 커버 사진]을 만들고 배경사진을 바꿀 수 있습니다. ④ [더보기(···)]를 터치하고 정보를 수정할 수도 있습니다. ⑤ [내 정보 보기]를 터치합니다.

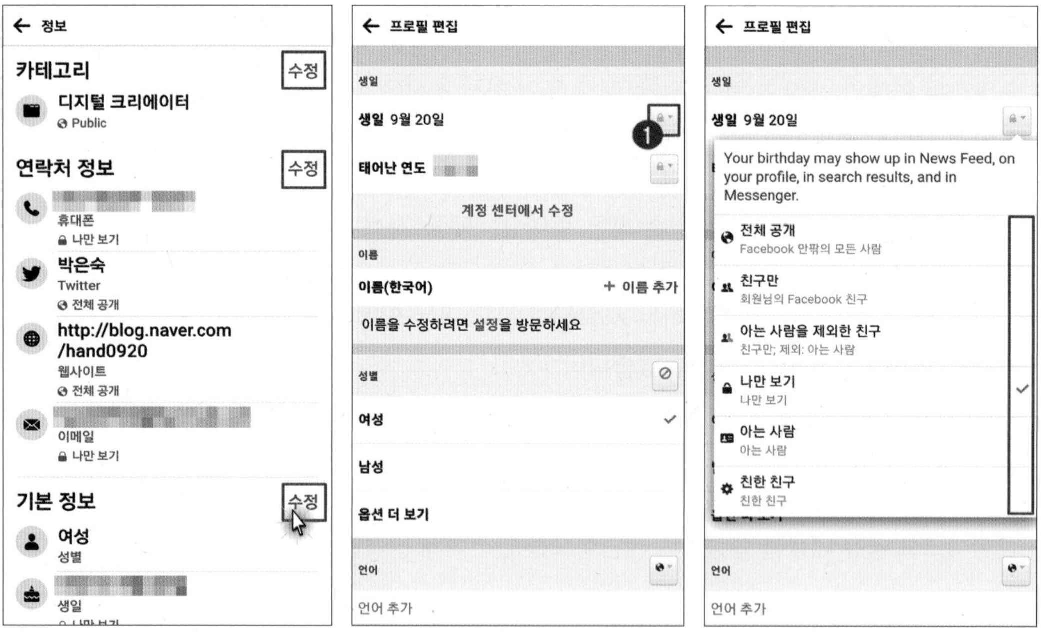

1 [수정]을 터치합니다. 카테고리, 연락처 정보, 기본 정보 등을 수정할 수 있습니다.
2 ①을 터치합니다. 생일을 공개할 수도 있고, 비공개로 할 수도 있습니다. 3 전체 공개, 친구만, 아는 사람을 제외한 친구, 나만 보기 등 원하는 곳을 터치해서 공개 범위를 설정합니다.

▣ 설정 및 개인 정보

1 개인정보 설정은 언제든지 조회하고 수정할 수 있습니다. 오른쪽 상단에서 사람 아이콘 [≡]을 터치합니다. **2** [설정]을 터치합니다. 계정 센터에서는 개인정보 설정을 관리합니다. [**비밀번호 및 보안**]을 터치합니다. **3** 한 번 더 [**비밀번호 및 보안**]을 터치합니다.

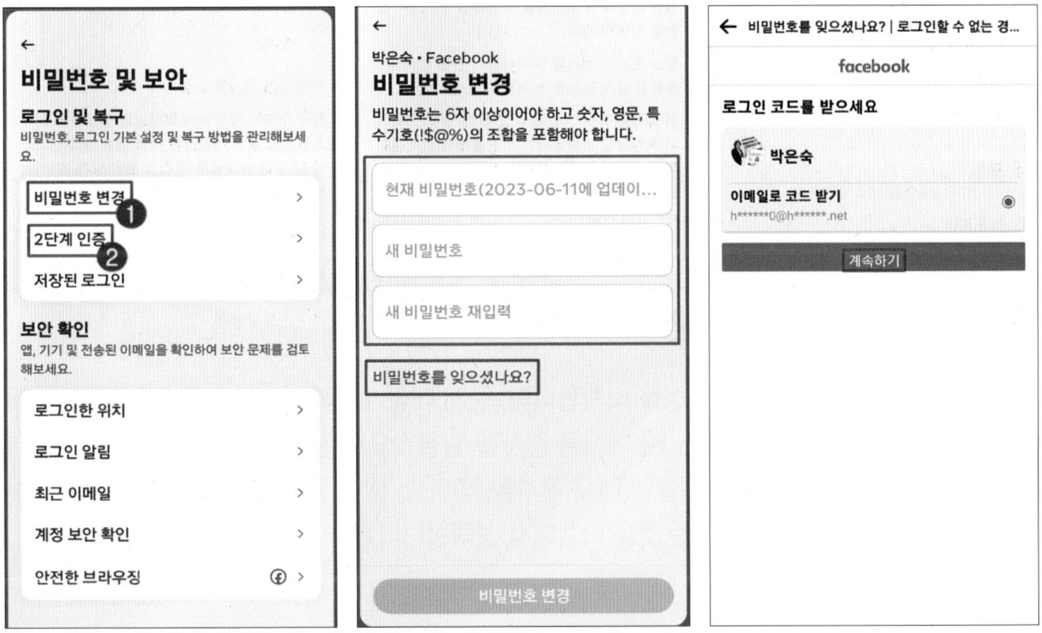

1 ① [**비밀번호 변경**]을 터치하면 새로운 비밀번호로 변경할 수 있습니다. ② [**2단계 인증**]을 터치하면 해킹 방지를 위한 2단계 인증을 설정할 수 있습니다. **2** 비밀번호 변경을 하고자 할 경우는 현재 비밀번호를 한 번 입력하고 새 비밀번호를 입력해야 하는데 혹 비밀번호를 잊었다면 [**비밀번호를 잊으셨나요?**]를 터치합니다. **3** [**계속하기**]를 터치하고 본인 이메일에서 코드 6자리를 확인하고 다음 단계를 진행해서 비밀번호를 재발급받습니다.

▣ 팔로워 및 전체 공개 콘텐츠 메뉴 설명하기

페이스북 팔로워는 페이스북에서 다른 사람을 팔로우하는 것을 의미합니다. 팔로우한 사람은 팔로워의 게시물을 볼 수 있습니다. 팔로워를 허용할 사람을 설정할 수 있습니다. 친구, 친구의 친구, 또는 누구나 팔로우할 수 있도록 설정할 수 있습니다.

전체 공개 콘텐츠는 페이스북에서 누구나 볼 수 있는 콘텐츠를 의미합니다. 누구나 볼 수 있는 콘텐츠를 설정할 수 있습니다. 모든 게시물, 친구만 볼 수 있는 게시물, 친구의 친구만 볼 수 있는 게시물, 또는 아무도 볼 수 없는 게시물로 설정할 수 있습니다.

페이스북 팔로워 및 전체 공개 콘텐츠를 설정하면 자신의 개인 정보 보호를 더 잘 관리할 수 있습니다.

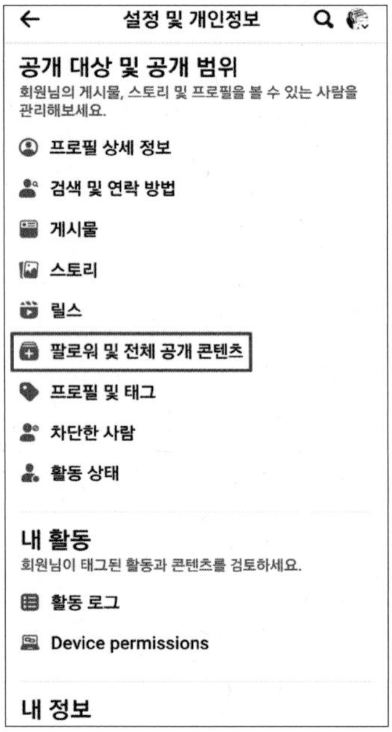
설정 및 개인정보
공개 대상 및 공개 범위
회원님의 게시물, 스토리 및 프로필을 볼 수 있는 사람을 관리해보세요.
프로필 상세 정보
검색 및 연락 방법
게시물
스토리
릴스
팔로워 및 전체 공개 콘텐츠
프로필 및 태그
차단한 사람
활동 상태
내 활동
회원님이 태그된 활동과 콘텐츠를 검토하세요.
활동 로그
Device permissions
내 정보

팔로워 및 전체 공개 콘텐츠
나를 팔로우할 수 있는 사람
팔로워는 피드에서 회원님의 게시물, 릴스 및 스토리를 볼 수 있습니다. 친구는 기본적으로 회원님의 게시물, 릴스 및 스토리를 팔로우하게 되며, 회원님은 설정을 통해 친구가 아닌 사람도 회원님의 전체 공개 게시물, 릴스 및 스토리를 팔로우하도록 허용할 수 있습니다. 이 설정을 사용하여 회원님을 팔로우할 수 있는 사람을 선택하세요.
릴스 또는 스토리를 게시하거나 만들 때마다 공유할 공개 대상을 선택할 수 있습니다.
이 설정은 Marketplace 및 판매/구매 그룹에서 회원님을 팔로우하는 사람들에게는 적용되지 않습니다. 해당 설정은 Marketplace에서 관리할 수 있습니다.
전체 공개
친구만
회원님이 팔로우하는 사람, 페이지, 리스트를 볼 수 있는 사람은?

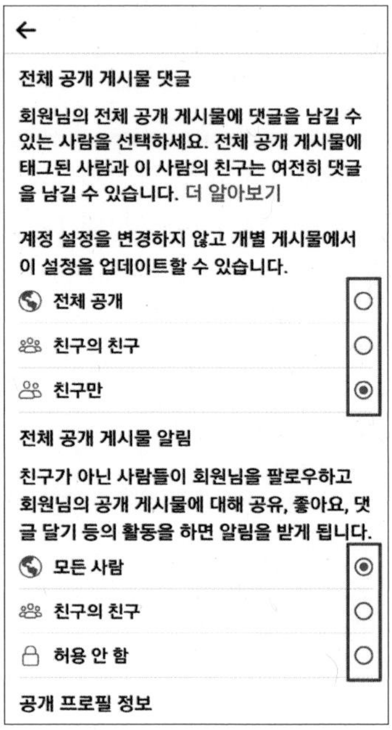
전체 공개 게시물 댓글
회원님의 전체 공개 게시물에 댓글을 남길 수 있는 사람을 선택하세요. 전체 공개 게시물에 태그된 사람과 이 사람의 친구는 여전히 댓글을 남길 수 있습니다. 더 알아보기
계정 설정을 변경하지 않고 개별 게시물에서 이 설정을 업데이트할 수 있습니다.
전체 공개
친구의 친구
친구만
전체 공개 게시물 알림
친구가 아닌 사람들이 회원님을 팔로우하고 회원님의 공개 게시물에 대해 공유, 좋아요, 댓글 달기 등의 활동을 하면 알림을 받게 됩니다.
모든 사람
친구의 친구
허용 안 함
공개 프로필 정보

❶ 페이스북 앱을 실행시킨 후 설정을 터치합니다. 공개 대상 및 공개 범위 목록에서 [팔로워 및 전체 공개 콘텐츠]를 터치합니다. ❷ 게시물 전체를 일괄적으로 전체 공개 또는 친구만 선택하여 터치합니다. ❸ 전체 공개 게시물에 대해 게시물, 좋아요, 댓글 등의 알림과 공개 프로필 정보 설정 등 공개 범위를 본인이 원하는 것을 터치해서 선택합니다.

▣ 페이스북 코드 생성기

페이스북 코드 생성기는 2단계 인증을 사용하는 페이스북 사용자를 위한 보안 기능입니다. 2단계 인증을 사용하면 페이스북 계정에 로그인할 때 비밀번호와 함께 6자리 코드를 입력해야 합니다. 코드 생성기는 이 코드를 생성하는 데 사용되는 앱입니다. 코드 생성기는 페이스북 앱, Google Authenticator 앱, Authy 앱을 포함한 다양한 앱을 사용할 수 있습니다.
코드 생성기를 사용하면 페이스북 계정에 대한 보안을 강화할 수 있습니다. 누군가 비밀번호를 훔쳐도 코드 생성기 없이는 페이스북 계정에 로그인할 수 없습니다.

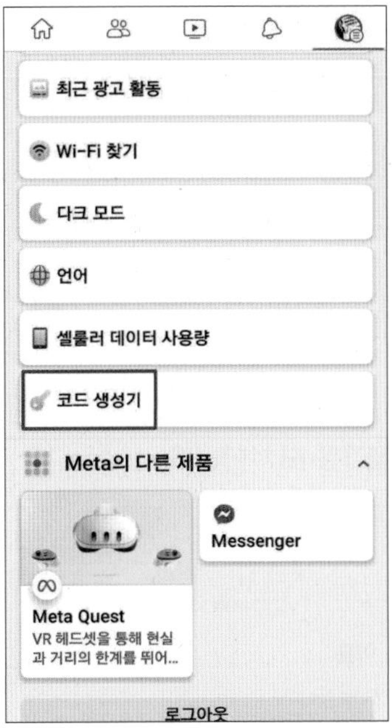

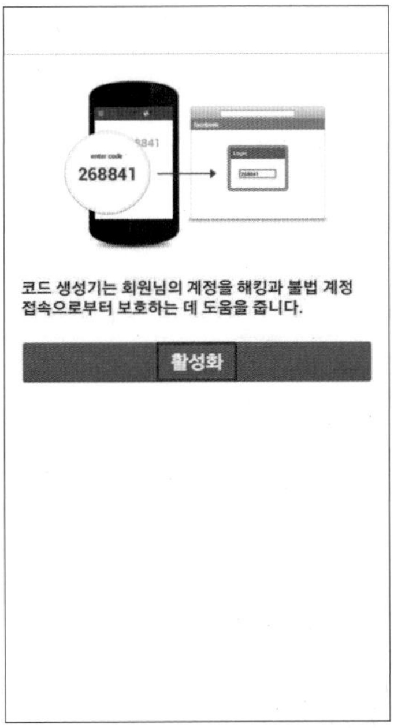

❶ 페이스북 앱을 실행시킨 후 [설정]을 터치합니다. 스크롤을 쭉 아래로 내리면 메뉴 중 [코드 생성기]를 터치합니다. ❷ [활성화]를 터치합니다. ❸ 6자리 코드가 생성되었음을 확인할 수 있습니다. 이 코드 6자리를 페이스북 로그인하는 기기에 코드 입력을 하면 로그인이 됩니다.
* 코드는 60초마다 갱신됩니다.

memo

▣ 페이스북 그룹 만들기

❶ 페이스북 그룹은 관심사와 유사한 사람들과 연결하고, 정보를 공유하고, 소통하는 데 유용한 도구입니다. 오른쪽 상단의 [프로필 사진]을 터치합니다. ❷ [그룹]을 터치합니다.
❸ ① 위쪽 더하기 [+]를 터치합니다. ② [그룹 만들기]를 터치합니다.

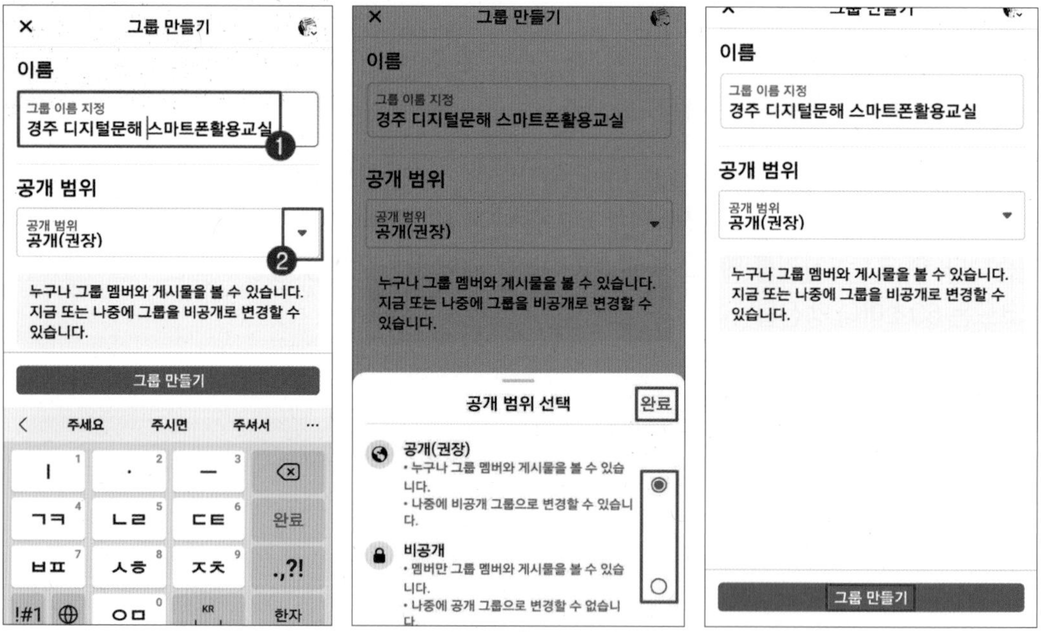

❶ ① [그룹 이름 지정]을 터치해서 그룹 이름을 입력합니다. 공개 범위 ② [▼]를 터치합니다.
❷ 공개 범위 선택을 전체 공개할 것인지, 멤버들에게만 공개할 것인지 선택하고 [완료]를 터치합니다. ❸ [그룹 만들기]를 터치합니다.

1 마음이 맞는 친구들을 그룹에 초대할 수 있고, 추천 친구를 [**초대**]할 수도 있습니다.
2 그룹 소개를 위한 커버 사진을 넣고 [**다음**]을 터치합니다. 3 사람들이 그룹에 대해 알 수 있도록 [**그룹 소개**]를 터치해서 입력을 하고 [**다음**]을 터치합니다.

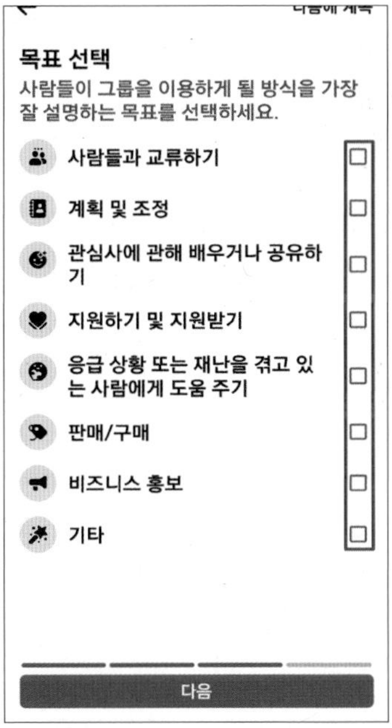

1 사람들이 그룹을 이용하게 될 때 방식을 가장 잘 설명하는 목표를 터치합니다. 중복도 됩니다.
2 새로운 멤버가 그룹에 가입하고 첫 게시물을 환영하는 인사말로 작성하고 [**완료**]를 터치합니다.

▣ 이벤트 만들기

❶ 페이스북 이벤트는 친구와 가족과 이벤트를 공유하고, 참석 여부를 확인하고, 이벤트에 대한 정보를 공유할 수 있습니다. 페이스북 앱에서 오른쪽 상단의 프로필을 터치하고 [이벤트]를 터치합니다. ❷ 오른쪽 위 [+]를 터치합니다. ❸ [온라인]을 터치합니다.

❶ ① [이벤트 이름]을 입력합니다. ② [▼]를 터치하여 날짜와 시간을 입력합니다. ③ [위치]를 설정합니다. ④ 공개 범위를 설정하기 위해 [▼]를 터치합니다. ❷ 이벤트 공개 범위를 체크하고 [완료]를 터치합니다. ❸ 그룹을 선택하고 [저장]을 터치합니다.

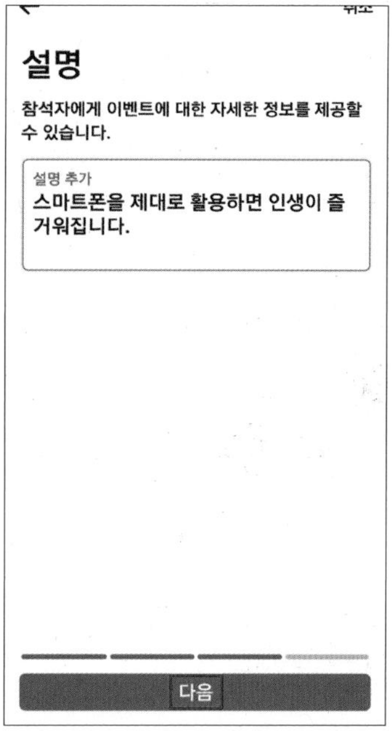

1 이벤트 상세 정보를 확인하고 [다음]을 터치합니다. 2 사람들이 온라인으로 이벤트에 참여할 수 있는 방법을 선택하고 [다음]을 터치합니다. 3 참석자에게 이벤트에 대한 정보를 입력하고 [다음]을 터치합니다.

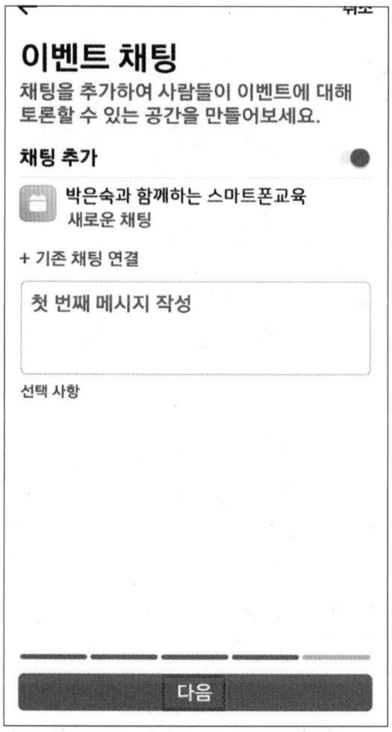

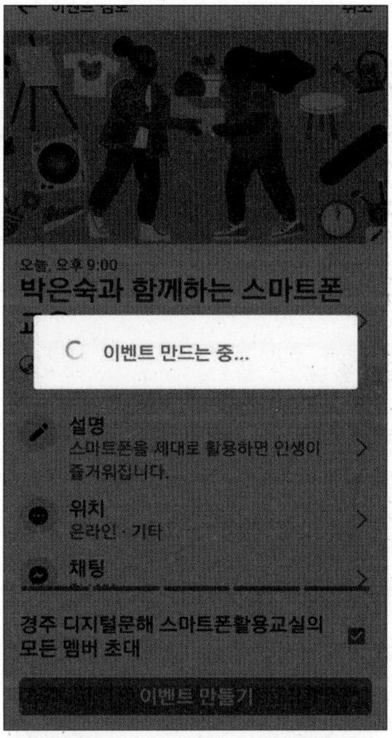

1 이벤트에 채팅을 추가하여 토론할 수 있는 공간을 만들 수 있습니다. 첫 번째 메시지를 작성하고 [다음]을 터치합니다. 2 그룹의 모든 멤버에게 초대할 수 있습니다. **[이벤트 만들기]**를 터치하면 3 이벤트가 만들어집니다.

▣ 페이스북 스토리(텍스트)

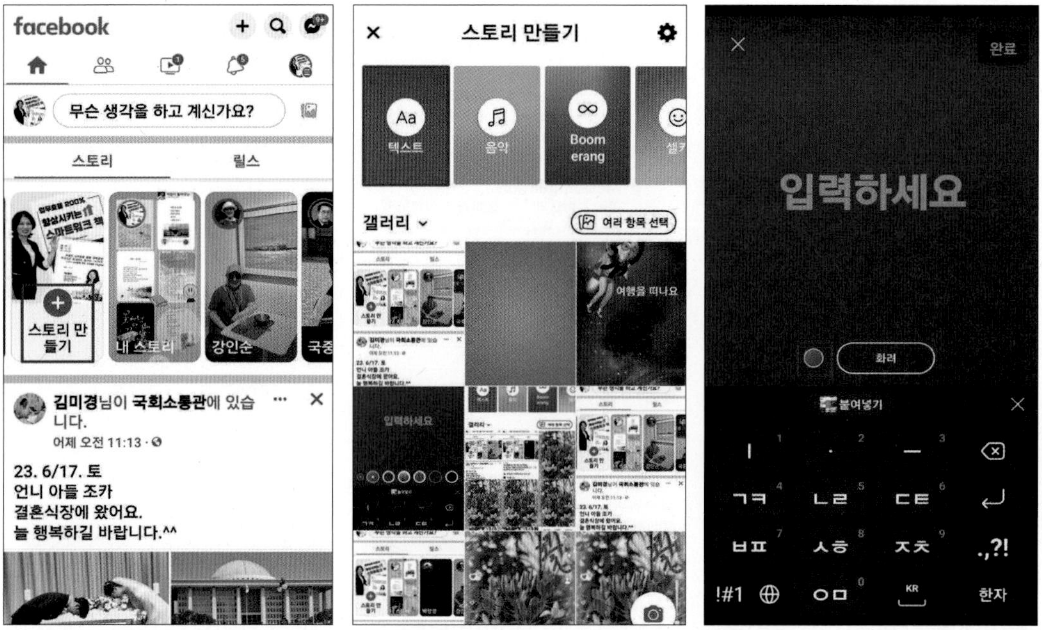

1 페이스북 스토리는 사용자가 사진, 동영상, 텍스트, 스티커, 필터 등을 사용하여 짧게 글을 올려 친구와 가족과 소통할 수 있는 기능입니다. 페이스북 앱을 실행하고 [스토리 만들기]를 터치합니다. 2 여러 가지 카테고리가 보입니다. 그 중 [텍스트]를 터치합니다. 3 [동그라미]를 터치하면 배경을 바꿀 수 있습니다.

1 마음에 드는 배경을 선택하고 터치합니다. 2 문자를 입력하고 완료를 터치합니다. 3 문자는 엄지와 검지를 사용하여 크기와 방향을 조정할 수 있습니다. ① [🔗]를 터치하면 링크를 걸 수 있습니다. ② [공개 범위]를 설정할 수 있습니다. ③ [공유하기]를 터치하면 페이스북 스토리에 게시됩니다.

▣ 페이스북 스토리(부메랑)

❶ 페이스북 스토리 만들기에서 [**부메랑**]을 터치합니다. ❷ 배경 효과를 적용시키기 위해 손가락으로 [**화살표 방향**]으로 밀어줍니다. ❸ 효과 더보기를 터치하면 다양하게 배경화면을 적용시킬 수 있습니다. 가운데 [**동그라미**]를 터치합니다.

▶ ① 마음에 드는 [**음악**]을 골라 터치합니다.
② [**스티커**]를 터치하면 여러 가지 스티커를 적용시킬 수 있습니다. (직접 추가, 위치, 시계, Gif, 온도, 음악, 이벤트, 태그, 기분, 기부하기, 설문, 질문 등 다양한 스티커가 많음)
[**텍스트, 효과, 사람 태그하기, 그리기, 링크**] 등 다양한 방법으로 스토리 꾸미기를 할 수 있습니다.
③ 스토리 꾸미기를 내 스마트폰에 [**저장**]할 수 있습니다. 단 저작권에 위배되는 음악은 음악 없이 저장됩니다. ④ [**공개 범위**]를 터치해서 설정합니다.
⑤ [**공유하기**]를 터치하면 내 스토리에 게시됩니다.
주 : 페이스북 스토리는 24시간 동안만 표시됩니다.

▣ 무슨 생각을 하고 계신가요?

1 페이스북에 사진을 올리려면 [+]를 터치하거나 [무슨 생각을 하고 계신가요?]를 터치합니다. 2 [사진/동영상]을 터치합니다. 3 갤러리에서 사진 [한 장]을 터치합니다. 여러 장을 가져오려면 [여러 항목 선택]을 터치합니다.

1 효과들 중 [하트]를 선택합니다. 2 ① 사진 필터를 원하면 [필터]를 선택합니다. ② 사진을 더 추가하고 싶으면 [더 추가]를 터치합니다. ③ [X]를 터치합니다. 3 사진에 관한 이야기를 입력합니다.

1 ①을 터치하면 친구를 태그할 수 있습니다. ② 현재 기분 활동을 나타내는 이모티콘입니다. ③ 위치를 터치하면 위치 기록이 됩니다. ④ 더보기입니다. **2** ①을 터치하면 게시물 공개 대상을 설정할 수 있습니다. ② 게시물을 [지금 게시]하거나 [예약 설정]을 할 수 있습니다. **3** 모든 설정이 다 되었으면 [게시]를 터치합니다.

▣ 라이브 방송

1 페이스북 실행 후 ① [+]를 터치하고 ② [라이브]를 터치합니다.
2 이름 아래 공유 대상을 터치합니다. **3** 공유 대상을 선택합니다.

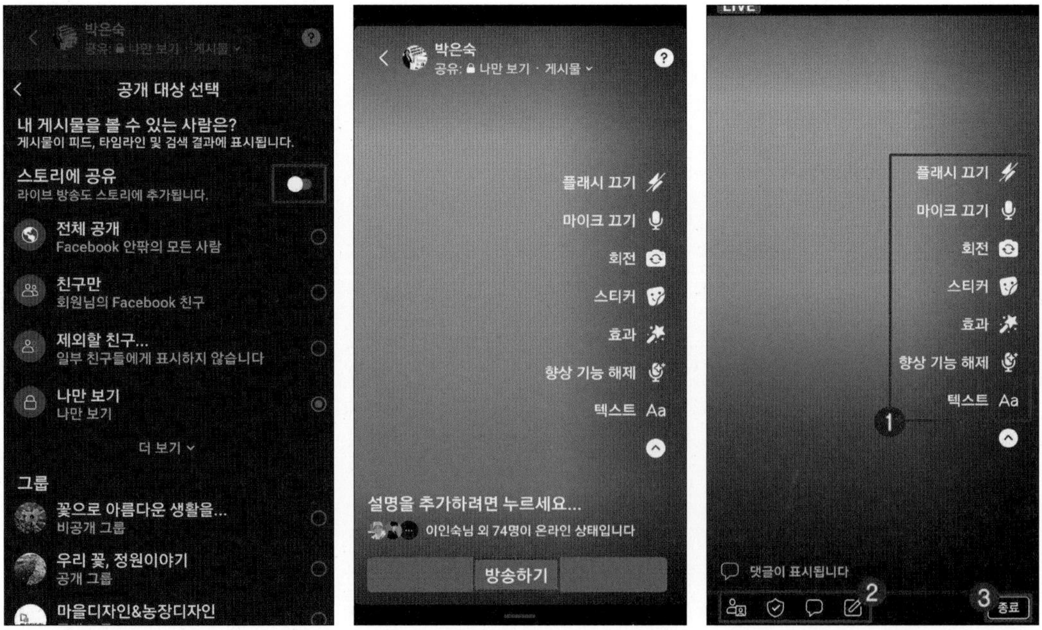

❶ 스토리에 공유하려면 활성화합니다. ❷ [방송하기]를 터치합니다. ❸ ① [플래시 끄기, 마이크 끄기, 회전, 스티커, 효과, 향상 기능 해제, 텍스트]를 사용하여 꾸미기를 합니다. ② [링크, 시청자 초대, 댓글 달기, 설명추가]를 사용하여 소통할 수 있습니다. ③ 방송을 마칠 경우 [종료]를 터치합니다.

❶ 방송을 종료 후 [다음 라이브 방송 예약하기]를 터치한 후 날짜와 시간을 예약합니다.
❷ 방송을 프로필에 게시하는 것을 원하지 않으면 [휴지통]을 터치합니다.
❸ [삭제]를 터치합니다.

09강 네이버 모두

웹사이트는 나의 온라인 명함과도 같은 역할을 하기 때문에, 잘 만들어 둔다면 브랜드 이미지와 매출에 좋은 영향을 줄 수 있습니다.

블로그를 홈페이지처럼 이용하시는 분도 계시지만, 잘 만든 웹사이트는 신뢰성을 훨씬 높여주기 때문에 사업을 보다 확장하고 싶다면 필수적으로 만드시길 추천드립니다.

누구나 손쉽게 홈페이지를 제작할 수 있는 무료 툴 '모두'입니다. 초보자라 하더라도 조금만 익히시면 셀프로 제작이 가능합니다.

[모두]는 네이버에서 제공하는 홈페이지 만들기 솔루션으로 현재 기본 템플릿을 포함해 39개를 제공하고 있습니다. 네이버 아이디만 있다면 무료 사용 가능, 아이디당 3개까지 만들 수 있습니다.

개인용은 물론, 사업자용으로 사용해도 손색이 없고, PC/모바일 화면 편집 또한 간단하여 초보자가 쓰기 가장 쉬운 편입니다.

네이버에서 제공하는 플랫폼이다 보니, '스마트 스토어' 같은 네이버 서비스와 연동도 간편하며, 홈페이지가 공개이고 검색 설정이 노출인 경우, 네이버 검색에 자동 반영됩니다.

무엇보다 다른 웹사이트 제작 솔루션은 도메인, 서버 확장, 혹은 추가 기능을 쓰기 위해 결제가 필수입니다. 하지만 '모두'는 전부 무료로 이용이 가능하다는 점이 가장 큰 장점입니다.

'모두'는 네이버에서 제공하는 서비스이므로 'play 스토어'에서 설치하지 않습니다. 네이버 검색창에 '모두'라고 검색 후 접속합니다.

■ 고급 편집하기(PC만 가능)

- 더 보기 좋은 PC 홈페이지를 만들고 싶으신 분은 고급 편집으로 사용하시면 됩니다.
- 홈페이지 위쪽을 이미지로 꾸밀 수 있고, 페이지별 배경 이미지도 삽입할 수 있습니다.
- 고급 편집은 선택이며, 기본 편집만으로도 모바일뿐만 아니라 PC 홈페이지도 자동 완성됩니다.
- 고급 편집에서 편집된 내용은 PC 홈페이지에만 반영됩니다. (모바일 홈페이지에는 반영 불가)

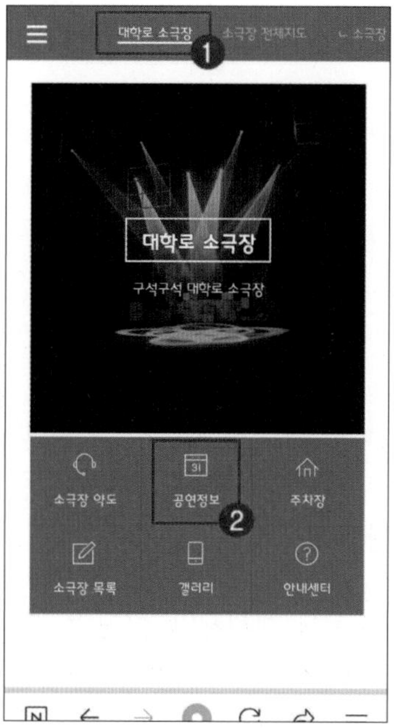

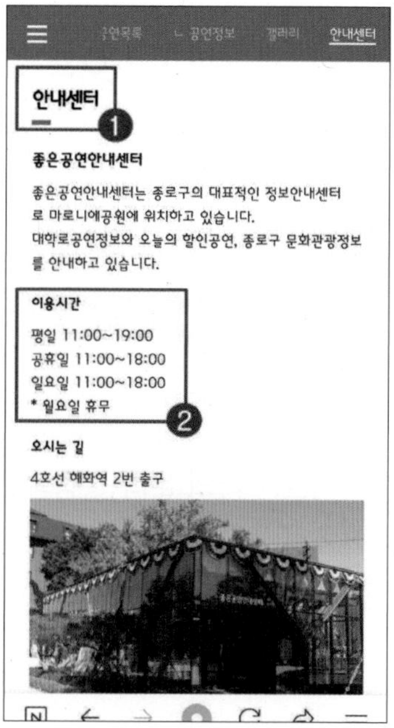

1 ① [네이버]에서 [네이버 모두 홈페이지]를 검색하여 ② [테마모두]를 터치하여 테마모두를 둘러봅니다. ③ [테마거리]를 터치합니다. ④ 예로 [대학로 소극장]을 터치하여 둘러봅니다. **2** ① [대학로 소극장]을 터치하면 대학로 소극장의 정보가 나옵니다. ② 약도부터 공연정보 등 한눈에 볼 수 있게 되어 있습니다. **3** ① [안내센터]부터 ② [이용시간], 오시는 길 안내까지 상세히 나와 있습니다. 기본 템플릿은 물론 업종, 기관, 개인 등 목적에 맞는 템플릿이 있기 때문에 직접 홈페이지를 편집, 구성해서 제작하기 어려운 분들은 이렇게 네이버에서 제공하는 템플릿을 선택하여 텍스트만 수정해서 사용하는 것도 좋은 방법입니다.

memo

1 테마모두를 모두 둘러보셨으면 이제 ① [**modoo! 시작하기**]를 터치하여 시작합니다. **2** 모두 홈페이지는 상단의 [**홈페이지관리**]를 통해 만들 수 있습니다. **3** ① [**새 홈페이지 추가하기**]를 터치합니다. ② 홈페이지는 네이버 아이디 하나당 3개까지 만들 수 있습니다.

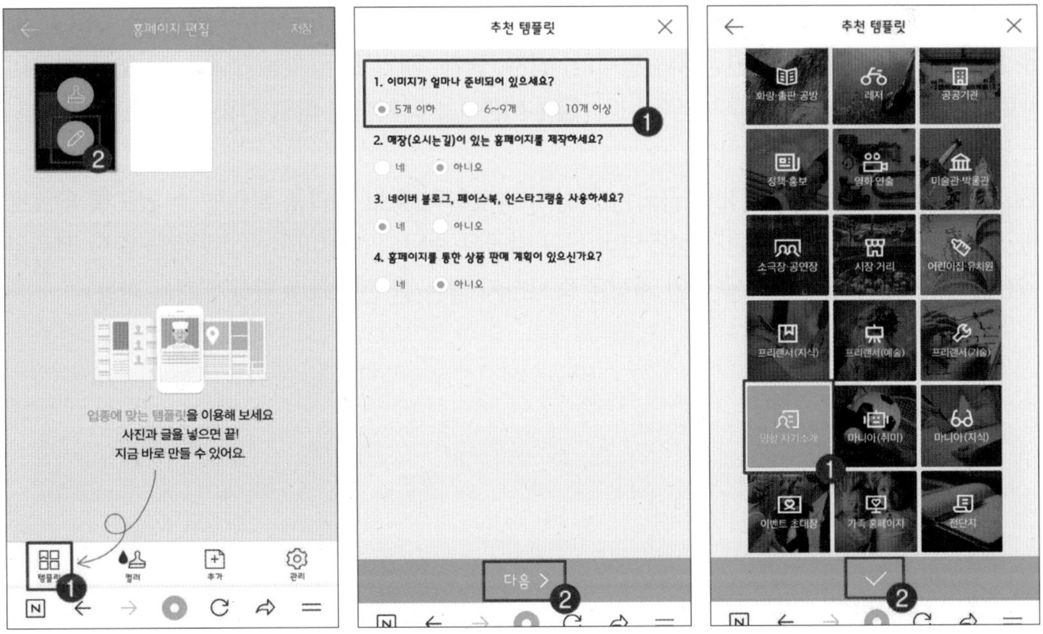

1 ① 하단의 [**템플릿**]을 터치하면 ② [**편집**] 페이지로 이동합니다. **2** ① 템플릿을 추천해 주기 위한 설문창이 뜹니다. 해당 항목을 선택하고 ② [**다음**]을 누르면 추천 템플릿 창이 뜨고, 이렇게 업종별 추천 템플릿 리스트가 나옵니다. **3** 기관, 학원, 출판 등 다양한 업종의 템플릿이 있습니다. ① 예시로 [**명함·자기소개**]를 터치하고 ② [∨]를 터치합니다.

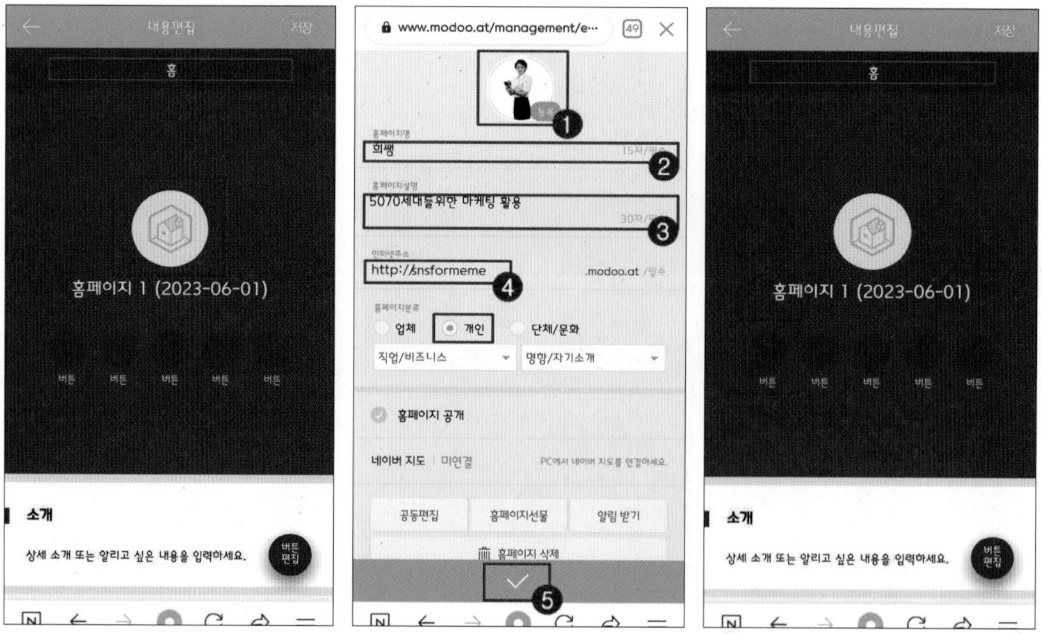

1 내용편집 화면입니다. 프로필 변경부터 홈페이지 설명 및 주소를 만들 수 있습니다.
2 ① [**프로필 사진**] 및 나만의 홈페이지를 홍보할 수 있는 이미지를 첨부합니다. ② [**홈페이지명**]은 15자 이내로, ③ [**홈페이지설명**]은 30자 이내로 하셔야 하기 때문에 임팩트 있는 문구를 준비합니다. ④ [**인터넷주소**]는 어렵고 긴 주소보다는 짧고 쉽게 설정하는 것을 추천드립니다. (인터넷 주소는 영문 소문자, 숫자만 가능, 3~20자, 중복 및 사용 가능 여부 자동 체크, URL은 매달 1일부터 말일 사이 3회 변경 가능합니다) 업체, 단체, 개인 모두 가능합니다. ⑤ 모든 설정이 완료되었으면 [∨]를 눌러주시면 됩니다. 3 [**버튼**]을 터치하면 바로 전화 걸기, 스토어, 오시는 길 등을 등록하실 수 있습니다.
(BIZ넘버란? 통화 추적을 위해 발급되는 가상의 번호이며 홍보 효과를 확인할 수 있도록 무료로 제공하는 기능입니다. 다만 현재 비즈넘버 신규 발급은 중단되었습니다. - 신규 발급 중단 적용일 : 2021년 1월27일. 기존 사용 중인 계정은 중지하지 않는 한 현재와 동일하게 사용 가능)

memo

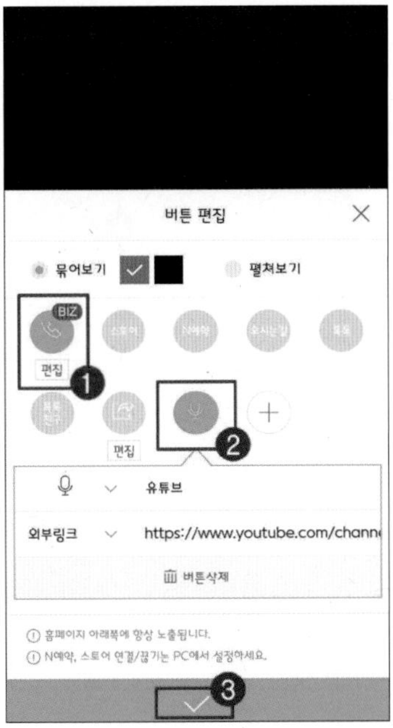

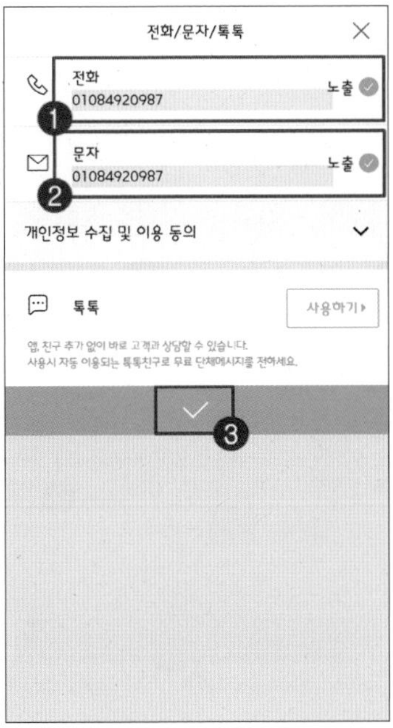

1 방문자가 버튼을 눌렀을 때 액션 [페이지 이동, 전화, 문자, 이메일, 외부링크]를 설정할 수 있습니다. ① 전화 버튼을 활성화하고 [편집 버튼]을 터치하여 전화번호를 등록합니다. ② 외부 링크 '블로그', '유튜브', '페이스북' 등 사용하고 있는 SNS 채널을 등록합니다. ③ [∨]를 터치합니다. **2** ① [전화번호], ② [문자] 받을 번호를 등록하고 ③ [∨]를 터치합니다. **3** 메인화면에 전화표시가 나옵니다.

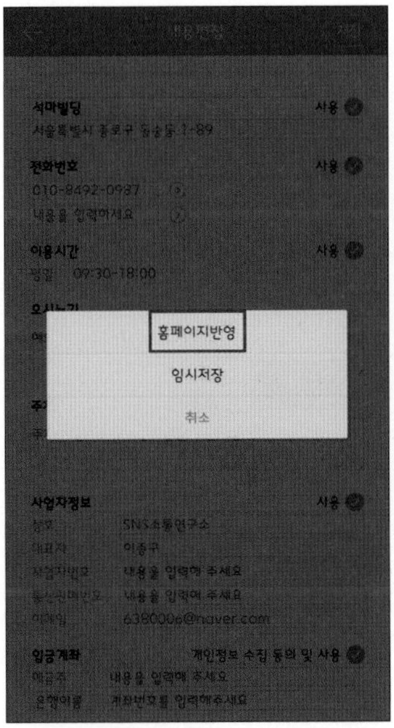

1 ① 다음은 오시는 길 주소 버튼을 활성화합니다. [주소]를 터치하시고 사업장 또는 매장의 주소를 입력합니다. 전화번호, 이용시간, 사업자정보 등 필요한 정보를 입력 후 ② [저장]을 터치합니다. **2** [홈페이지반영]을 터치하시면 **3** [오시는 길] 버튼이 활성화됩니다.

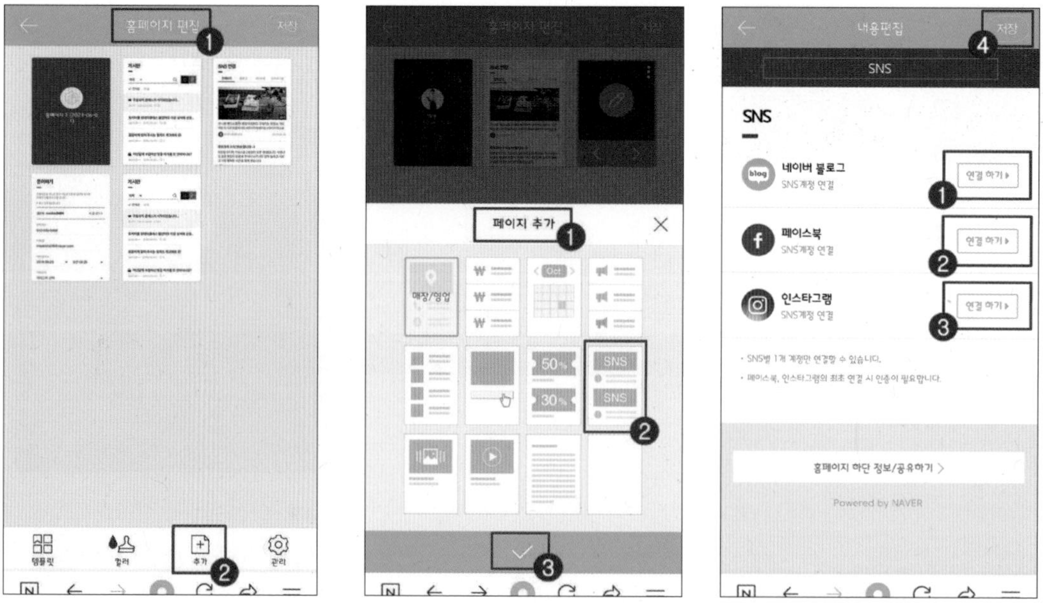

1 ① [**홈페이지 편집**] 하단의 메뉴 중 ② [**추가**]를 터치하시면 유형별 페이지를 선택, 추가할 수 있습니다. **2** ① [**페이지 추가**]를 터치합니다. ② 예로 [**SNS**]를 선택하여 터치합니다. ③ [∨]를 터치합니다. **3** ① 터치해서 블로그 주소를 입력합니다. ② 페이스북 주소를 입력합니다. ③ 인스타그램 주소를 입력합니다. 현재 페이스북, 인스타그램은 내부 APL 변경으로 연동이 불가합니다. SNS 페이지를 이용하면 블로그 등의 게시물을 홈페이지에서 함께 보여줄 수 있습니다. ④ [**저장**]을 터치합니다.

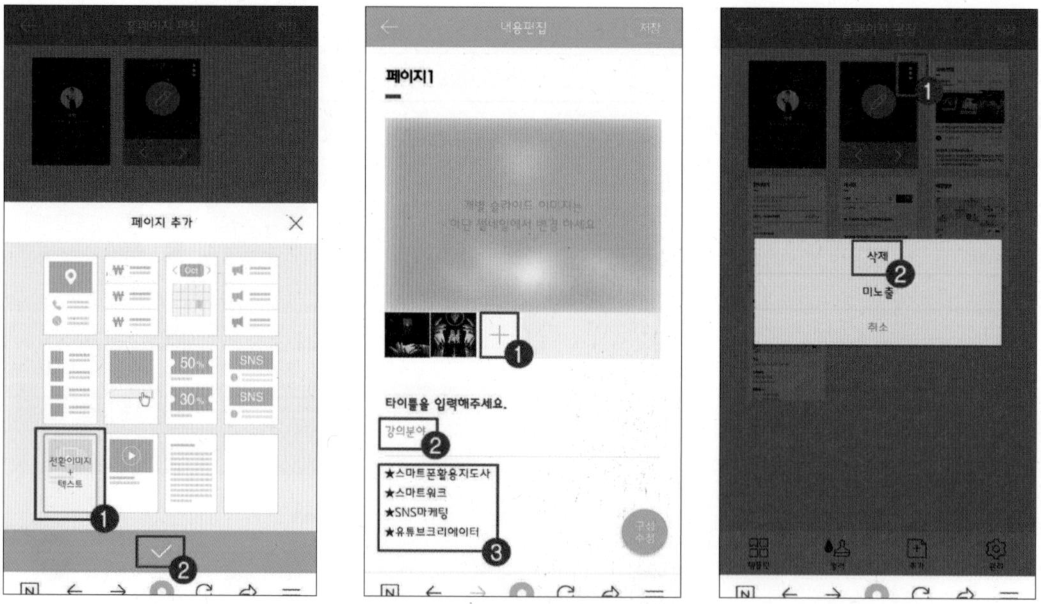

1 ① [**페이지 추가**] 중 [**전환이미지+텍스트**]를 터치합니다. ② [∨]를 터치합니다. **2** ① [+]를 터치해서 이미지를 추가합니다. ② 타이틀을 입력합니다. ③ 세부내용을 입력합니다. 최대 10MB, 가로길이 1280px입니다. **3** ① 페이지 삭제를 할 경우 오른쪽 상단 [**점 3개**]를 터치합니다. ② [**삭제**]를 터치합니다.

1 ① [페이지 추가] 중 [동영상]을 터치합니다. ② [∨]를 터치합니다.
2 SNS 계정 중 유튜브 채널 주소를 복사, 붙여넣기 합니다. [∨]를 터치합니다.
3 유튜브 채널이 추가되었습니다.

1 ① [홈페이지 편집]을 터치합니다. ② [추가]를 터치합니다.
2 [스케쥴]을 선택하고 [∨]를 터치합니다.
3 일정 및 공지는 홈페이지에서 작성해야 하며 저장을 하고 나면 완성된 후에 볼 수 있습니다.

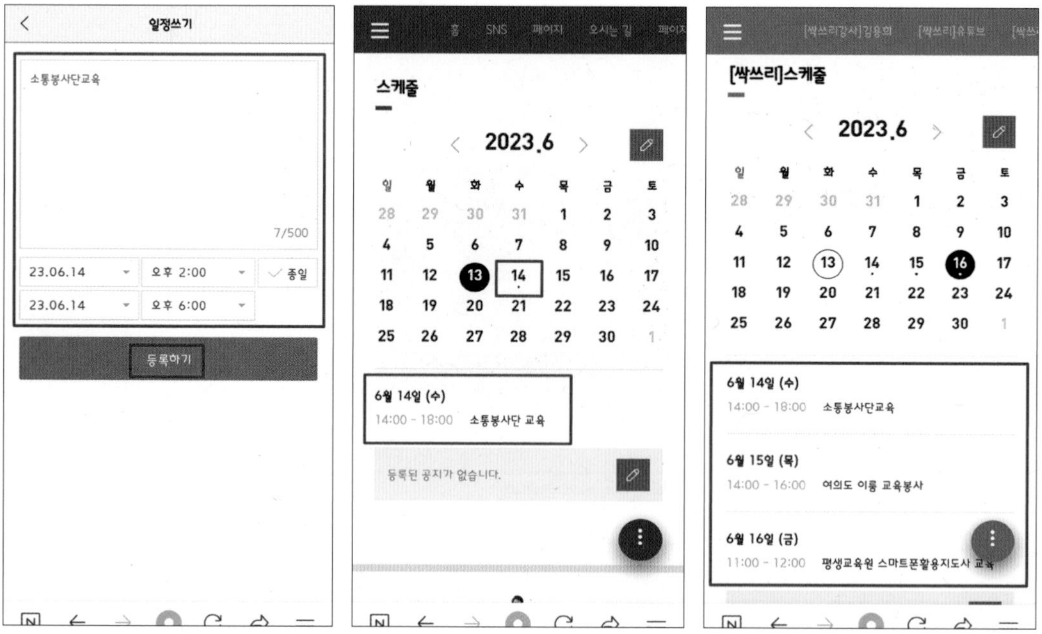

❶ 스케쥴 페이지를 활성화하고 스케쥴을 등록하기 위해 [**등록하기**]를 터치합니다.
❷ 날짜를 선택하시면 일정 및 시간 등록이 가능합니다. 스케쥴 등록을 하시면 홈페이지 방문하는 고객(소비자)들이 일정을 한눈에 볼 수 있는 장점이 있습니다.
❸ 강의 일정, 예약 일정 등 등록하시길 추천드립니다.

❶ 홈페이지 저장을 하고 나면 [**전화 버튼**], [**오시는 길 버튼**], [**유튜브 버튼**]을 터치하시면 바로 연결이 가능합니다. 홈페이지를 재설정하려면 상단의 삼선을 터치합니다. ❷ ① [**홈페이지 관리**]를 터치하면 편집이 가능합니다. ② [**공유하기**]를 터치합니다. ❸ 여러 SNS 채널 중 공유할 아이콘을 선택해서 공유할 수 있으며, URL 주소를 복사해서 채널에 붙여넣기도 가능합니다.

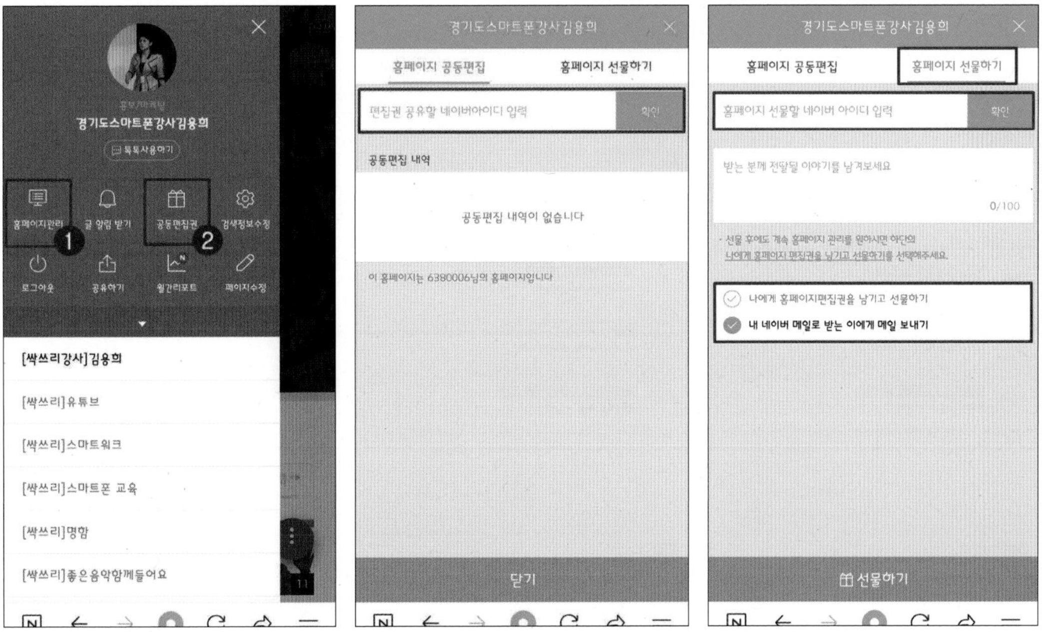

❶ ① [**홈페이지 관리**]에서 편집할 수 있으며 ② 홈페이지 공동편집을 할 경우 [**공동편집권**]을 터치합니다. ❷ 편집권 공유할 네이버 아이디를 입력하고 [**확인**]을 터치합니다. 최대 5명 가능합니다. ❸ 홈페이지 제작에 어려움을 갖고 있는 분들께 [**홈페이지 선물**] 기능을 통해 홈페이지를 선물(홈페이지 소유권을 타인에게 이전)할 수 있습니다.

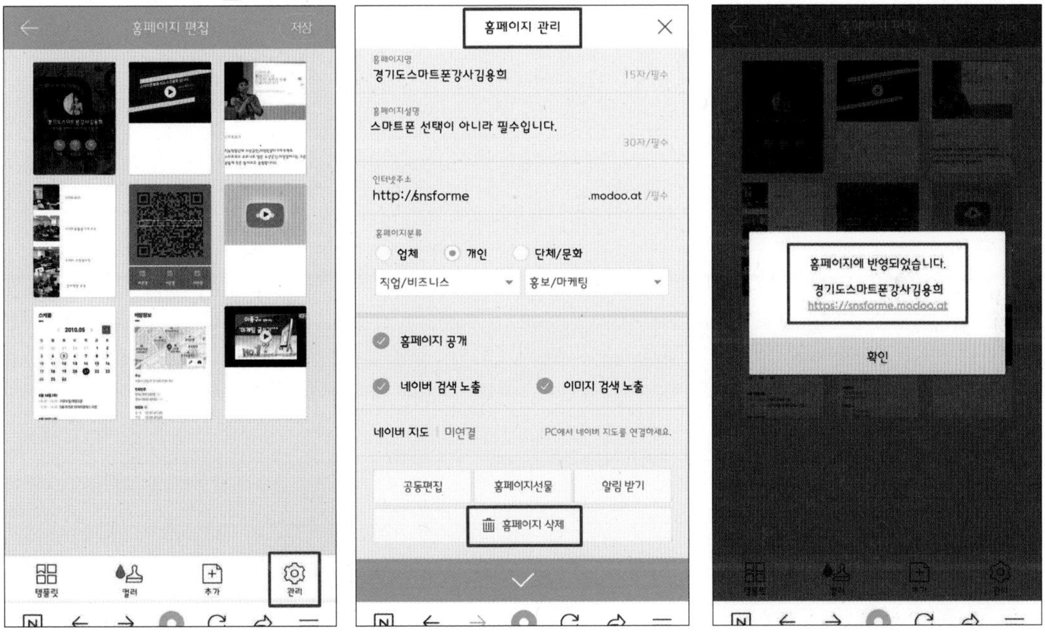

❶ 홈페이지 편집에서 페이지 추가부터 첫 화면의 컬러까지 쉽게 편집할 수 있는 관리 ❷ 관리를 터치하고 나면 홈페이지명이나 홈페이지설명을 편집하실 수 있습니다. 홈페이지가 3개 이상일 경우 삭제하시고 다시 만들 수 있습니다. 편집이 완료되고 나면 저장 ❸ 홈페이지에 반영됨을 알 수 있습니다.

1 네이버 아이디 1개당 3개의 홈페이지를 만들 수 있습니다. 추가로 만드실 경우 1개의 홈페이지를 삭제하셔야 만들 수 있습니다. **2** 삭제하려는 홈페이지의 **[설정]**을 터치합니다.
3 **[홈페이지 삭제]**를 터치하면 삭제됩니다. 삭제 후에는 복원이 불가능합니다.

memo

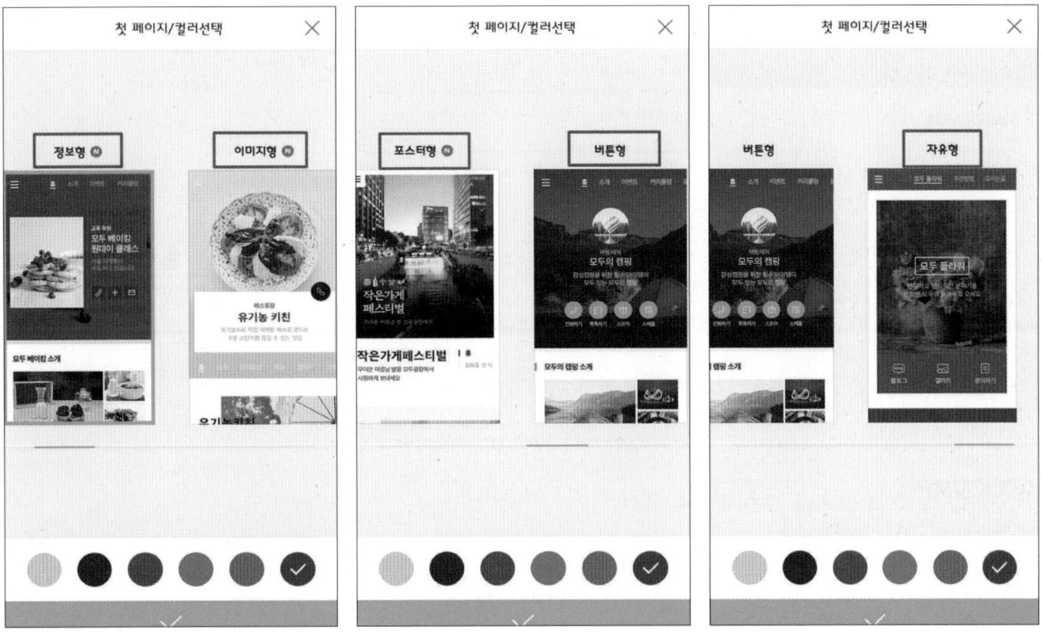

첫 페이지에서는 모바일에서 보이는 디자인을 선택할 수 있으며, 보여주고 싶은 정보를 모아 소개할 수 있습니다. (PC는 첫 페이지 유형에 관계없이 동일한 형태로 노출)

* 정보형 : 간결한 화면구성으로 다양한 정보를 한 번에 제공(한 번에 보여주고 싶은 정보가 많을 때 사용) 일반적인 모든 홈페이지에 적합, 배경 이미지 최대 4개까지 노출, 동영상 연결 가능

* 이미지형 : 보여주고 싶은 이미지로 개성(보여주고 싶은 이미지가 많을 때 사용) 메뉴별 배경 이미지 구성, 다양한 이미지로 구성

* 포스터형 : 첫 이미지를 포스터처럼 강조, 간단하고 짜임새 있는 구성(공연, 전시도 모바일로 한 눈 소개) 초대장, 청첩장, 연극 영화, 전시 홈페이지에 적합

* 버튼형 : 브랜드가 잘 보이도록 강조, 다양한 버튼을 앞쪽에 노출(고객이 자주 찾는 기능을 바로 바로 제공) 버튼은 5개까지 구성 가능

* 자유형 : 제공하는 디자인 외에 직접 구성하고 싶은 경우, 2번째 페이지가 첫 페이지로 설정되면 구성요소를 추가하여 자유롭게 제작

구성요소를 편집하거나 기능 페이지를 선택하여 자유롭게 첫 페이지 구성 가능, 메뉴별 요약 정보 제공하지 않음, 세로 보기 설정 시 텍스트 복사가 가능

** 자유형을 제외한 나머지 유형은 PC 환경에서 고급 편집 : PC 홈을 이용할 수 있습니다.

❶ [홈페이지의 하단 정보/공유하기] 터치하여 ❷ 업체명, 대표자명, 전화번호, 사업자등록번호, 사업자명까지 등록할 수 있습니다. 하단의 [∨]를 터치하면 등록이 됩니다.
❸ [홈 바로가기 추가]를 하시면 스마트폰 홈 화면에 추가됩니다.

memo

10강 | 네이버 큐알코드

■ QR코드란

'QR코드'란 'Quick Response'의 줄임말로 빠른 응답을 기대할 수 있는 사각형의 가로, 세로 격자무늬의 2차원 코드입니다. 기존 1차원 바코드보다 훨씬 많은 정보를 담을 수 있고, 스마트폰으로 직접 QR코드를 스캔하면 그 결과를 쉽게 얻을 수 있습니다. 1994년 일본 덴소웨이브사(社)가 개발하였으며, 특허권을 행사하지 않겠다고 선언하여 다양한 분야에서 널리 활용되고 있습니다.

■ QR코드의 장점

- 대용량 정보 저장 : 20자리 정도의 바코드에 비해 QR코드는 숫자, 영자, 한자, 한글, 기호, Binary, 제어코드 등 모든 데이터를 처리할 수 있습니다. 정보량은 7,089문자(숫자)까지 1개의 코드로 표현할 수 있습니다.
- 적은 인쇄 공간 : QR코드는 가로/세로 양방향으로 정보를 표현함으로 바코드와 동일한 정보량을 1/10 정도의 크기로 표시할 수 있습니다.
- 오염/손상에 강함 : 코드 일부분이 손상(30% 이하) 손상되어도 데이터 복원 가능합니다.
- 360도 어느 방향에서도 인식 가능 : QR코드 안에 3개의 '위치 찾기 심볼'로, 배경 모양의 영향을 받지 않고 안정적인 고속 인식이 가능합니다.
- 일본어/한자 효율적 표현 : QR코드는 일본산 코드이기 때문에 일본어/한자 표현도 뛰어납니다.

QR코드 만들기 사이트를 이용하면 누구나 자신만의 QR코드를 만들 수 있습니다. 즉 개인사업자 또는 무엇인가를 홍보하고 싶은 사람은 명함에 고유의 QR코드를 부착함으로써 자신을 소개할 수 있고, 온라인 또는 오프라인 광고지에 삽입함으로써 자신이 알리고 싶은 것을 홍보할 수 있습니다.

네이버 QR코드의 가장 큰 장점은 같은 QR코드 이미지라도 링크 주소를 변경해주면 QR코드 이미지는 같더라도 변경된 링크 주소 콘텐츠가 보여진다는 것입니다.

QR코드 서비스 이용 시 유의 사항입니다.
1. QR코드는 일일 생성 개수는 하루에 최대 100개까지 생성이 가능합니다.
2. QR코드는 삭제 후 복구가 불가능합니다.
3. 상업용으로 사용해도 무방하지만, 준수사항을 지키지 않을 경우 서비스 이용이 제한이 될 수 있습니다.

▣ PC에서 네이버 큐알코드 만들기

NAVER QR코드
로그인
1
2차원 바코드 QR코드
QR코드는 사진, 동영상, 지도, 링크 등의 정보를 담아 코드를 생성하여
공유할 수 있도록 지원해주는 서비스입니다
나만의 QR코드 만들기
내 코드 관리
2
다양한 정보를 다른 사람에게 쉽게 알려주는 방법
1 네이버 QR코드에서 무료 모바일 페이지를 만들거나 원하는 웹주소를 입력하세요.
2 네이버앱에서 QR코드를 찍으면 저장된 정보를 확인할 수 있습니다.
아이폰앱 다운
안드로이드앱 다운
URL
QR코드 사용 팁
QR코드 만드는 방법 안내
QR코드 수정하는 방법 안내
QR코드 인식하는 방법 안내

▶ 인터넷 주소창에 (http://qr.naver.com)을 입력하거나 [네이버] 검색창에 [네이버 큐알코드]라고 검색 후 위 사이트에 접속합니다. [QR코드 사용 팁]을 클릭하면 네이버에서 QR코드 제작하는 방법에 대해서 자세히 보실 수 있습니다. ① [로그인] 합니다. ② [나만의 QR코드 만들기]를 클릭합니다.

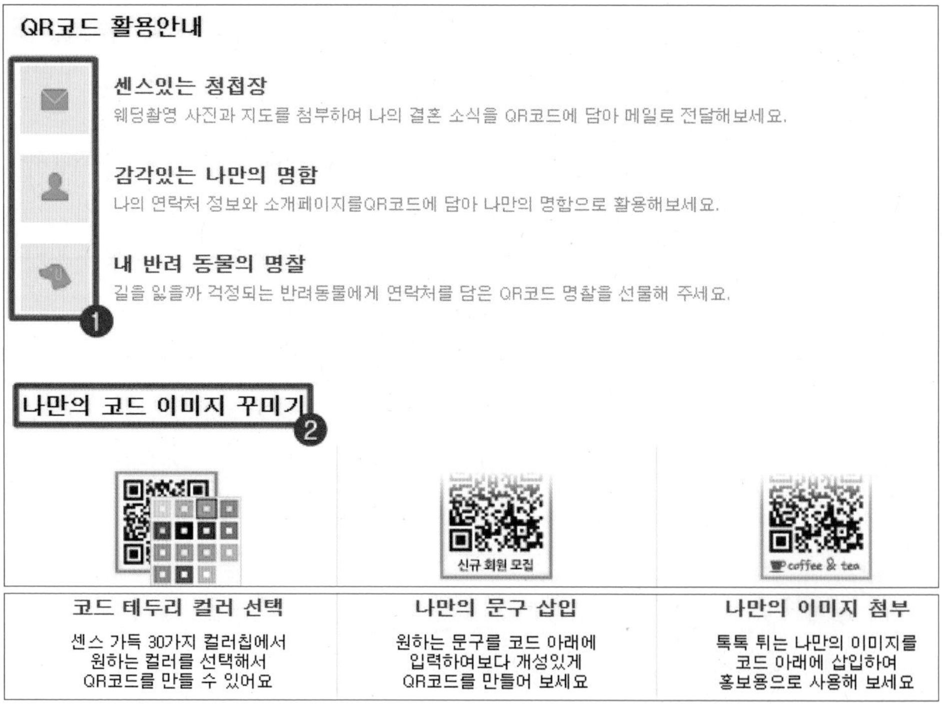
QR코드 활용안내
센스있는 청첩장
웨딩촬영 사진과 지도를 첨부하여 나의 결혼 소식을 QR코드에 담아 메일로 전달해보세요.
감각있는 나만의 명함
나의 연락처 정보와 소개페이지를QR코드에 담아 나만의 명함으로 활용해보세요.
내 반려 동물의 명찰
길을 잃을까 걱정되는 반려동물에게 연락처를 담은 QR코드 명찰을 선물해 주세요.
1
나만의 코드 이미지 꾸미기
2
신규 회원 모집
coffee & tea
코드 테두리 컬러 선택
센스 가득 30가지 컬러칩에서
원하는 컬러를 선택해서
QR코드를 만들 수 있어요
나만의 문구 삽입
원하는 문구를 코드 아래에
입력하여보다 개성있게
QR코드를 만들어 보세요
나만의 이미지 첨부
톡톡 튀는 나만의 이미지를
코드 아래에 삽입하여
홍보용으로 사용해 보세요

▶ ① 네이버 QR코드는 기본적으로 [센스있는 청첩장], [감각있는 나만의 명함], [내 반려 동물의 명찰] 등 활용뿐만 아니라 소상공인들이 굳이 비용을 지출하지 않고도 내 상품 전용 모바일 홈페이지를 만들어서 고객들에게 홍보할 수 있습니다. ② 네이버에서 QR코드를 만들게 되면 [코드 테두리 컬러 선택], [나만의 문구 삽입], [나만의 이미지 첨부] 등을 활용하여 나만의 코드 이미지 꾸미기를 쉽고 빠르게 할 수 있습니다.

▶ ① [코드제목]에는 만들고자 하는 QR코드 이름을 기재합니다. 제작 완료된 후 수정을 하고자 할 때 찾기 쉽게 작성하면 좋겠습니다. [코드 스타일]에는 ② [기본형]에서는 ③ [테두리 컬러 및 스킨 선택]에서 쉽고 빠르게 [테두리 컬러 및 스킨 선택]을 할 수 있습니다.
④ [사용자 지정]에서는 사용자가 만든 이미지와 스킨을 바로 적용할 수 있습니다.
⑤ [위치 선택] 메뉴는 [추가 옵션]에서 [이미지 삽입]이나 [문구 삽입]을 하는 경우에 위치를 상하로 지정할 수 있습니다. [QR코드 비공개하기]는 정식으로 공개하고 싶지 않은 경우 체크하면 됩니다. 이제 QR코드를 스캔하면 보일 내용을 작성하기 위해 ⑥ [다음단계]를 클릭합니다.

▶ ① [원하는 정보 담기] 메뉴를 활용하면 자신이 고객들에게 보여주고 싶은 다양한 콘텐츠들을 보여줄 수 있습니다. ② [순서변경]을 클릭하면 모바일 홈페이지 콘텐츠 순서를 변경할 수 있습니다.

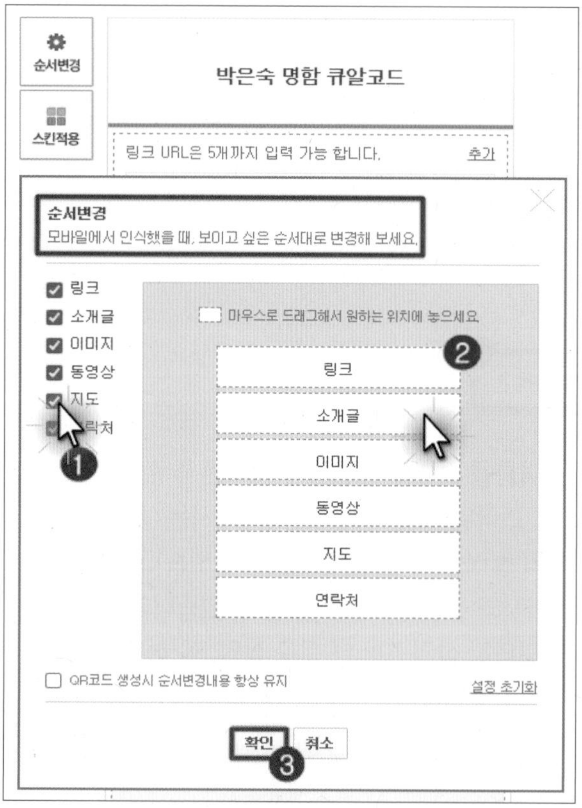

▶ ① QR코드 모바일 홈페이지에서 [지도]를 노출하고 싶지 않다면 체크를 해지하면 됩니다. ② [순서변경]을 원하면 마우스로 드래그해서 위치를 변경할 수 있습니다. ③ 노출할 콘텐츠와 순서 변경이 완료되었다면 [확인]을 클릭합니다.

순서변경
스킨적용
박은숙 명함 큐알코드
링크 URL은 5개까지 입력 가능 합니다.
추가
블로그
http://https://blog.naver.com/hand0920
페이스북
https://www.facebook.com/hand0920
안녕하세요. SNS소통연구소 경주지국장 박은숙입니다.
스마트폰 제대로 배우고 익히면 인생이 즐거워집니다.
62 / 250 자

▶ [링크 URL]을 [추가]하고 싶다면 클릭합니다. 링크 이름을 입력하고, 한 칸 아래 빈칸에 링크 주소를 복사해서 붙여 넣거나 입력합니다. 주소 앞에 [http://]을 입력하지 않아도 됩니다.

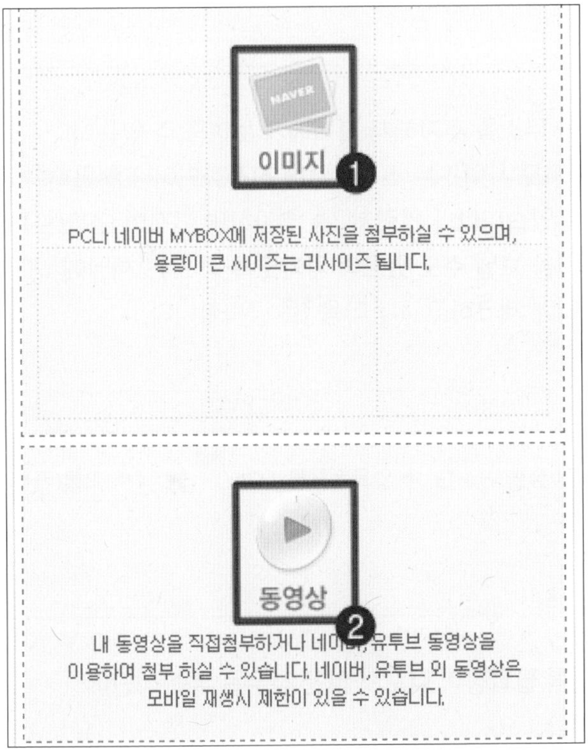
이미지
1
PC나 네이버 MYBOX에 저장된 사진을 첨부하실 수 있으며,
용량이 큰 사이즈는 리사이즈 됩니다.
동영상
2
내 동영상을 직접첨부하거나 네이버, 유튜브 동영상을
이용하여 첨부 하실 수 있습니다. 네이버, 유튜브 외 동영상은
모바일 재생시 제한이 있을 수 있습니다.

▶ ① [이미지]를 추가하고 싶다면 클릭합니다. 내 PC, 네이버 MY BOX, SNS 등에서 이미지를 업로드할 수 있습니다.

▶ ② [동영상]을 추가하고 싶다면 클릭합니다. 내 동영상을 직접 첨부하거나 네이버, 유튜브 동영상을 이용하여 첨부할 수 있습니다. 네이버와 유튜브 외 동영상은 모바일 재생 시 제한이 있을 수 있습니다.

QR코드 :: 네이버 모바일 - Chrome
qr.naver.com/popup/agreeContact.naver
연락처 첨부하기
개인정보 수집 및 이용에 대한 동의
QR코드에 연락처를 첨부하고자 하실 경우, 아래의 개인정보를 QR코드의 연락처에 입력하실 수 있습니다.
이용자는 개인정보 수집 및 이용 동의를 거부할 권리가 있으나, 거부 시 연락처 첨부는 불가능합니다.
1. 수집하는 개인정보 항목
(필수) 이름
(선택) 핸드폰 번호, 전화번호, 팩스번호, 이메일 주소, 홈페이지 주소, 회사명, 주소, 사진
2. 개인정보의 수집 및 이용목적
QR코드 내 연락처 첨부
3. 개인정보 보유 및 이용기간
이용자가 QR코드 삭제 시 복구요청 대응을 위해 삭제 시점으로 부터 6개월간 보관, 회원 탈퇴 시 지체없이 파기
상기 내용을 읽었으며, 개인정보의 수집 및 이용에 동의합니다.
다음
취소
1-1 / 1
이미지 전체삭제
이미지 추가하기
1-1 / 1
동영상 전체삭제
동영상 추가하기
지도
네이버 지도를 사용하여 지도첨부가 가능합니다.
지도 사이즈는 스마트폰에 최적화되어 조정됩니다.
연락처
내 연락처를 담아 친구들에게 공유할 수 있습니다.
작성 전체 초기화
미리보기
임시저장

▶ ① [지도] 메뉴를 활용하면 상점이나 회사 주소를 추가해서 고객에게 보여줄 수 있습니다. 네이버 지도를 사용하여 지도를 첨부하고 지도 사이즈는 스마트폰에 최적화되어 조정됩니다. ② 내 연락처를 담아 친구들에게 공유할 수 있습니다. [연락처]를 추가하면 고객이 QR코드를 스캔했을 때 바로 전화를 걸 수도 있고 메일을 보낼 수도 있으며 카카오톡 등 SNS 채널에 공유할 수 있습니다. ③ 개인정보 수집 동의에 체크하고 ④ [다음]을 클릭합니다.

스티커 / 봉투
웹툰 리소스 | 텀블...
농업교육포털 - Go...
62 / 250 자

▶ 크롬 브라우저를 사용하는 경우 연락처 입력 팝업창이 나오지 않은 경우는 우측 상단에 [팝업 차단] 아이콘을 클릭해서 해지합니다.

이지, w...
스티커 / 봉투
웹툰 리스
팝업 차단됨
https://qr.naver.com/...pup/attachContact.naver
https://qr.naver.com/...pup/attachContact.naver
https://qr.naver.com에서 팝업 및 리디렉션을 항상 허용
차단 계속
관리
완료
1-1 / 1
1-1 / 1

▶ ① [팝업을 항상 허용한다]에 체크합니다. ② [완료] 버튼을 클릭합니다.

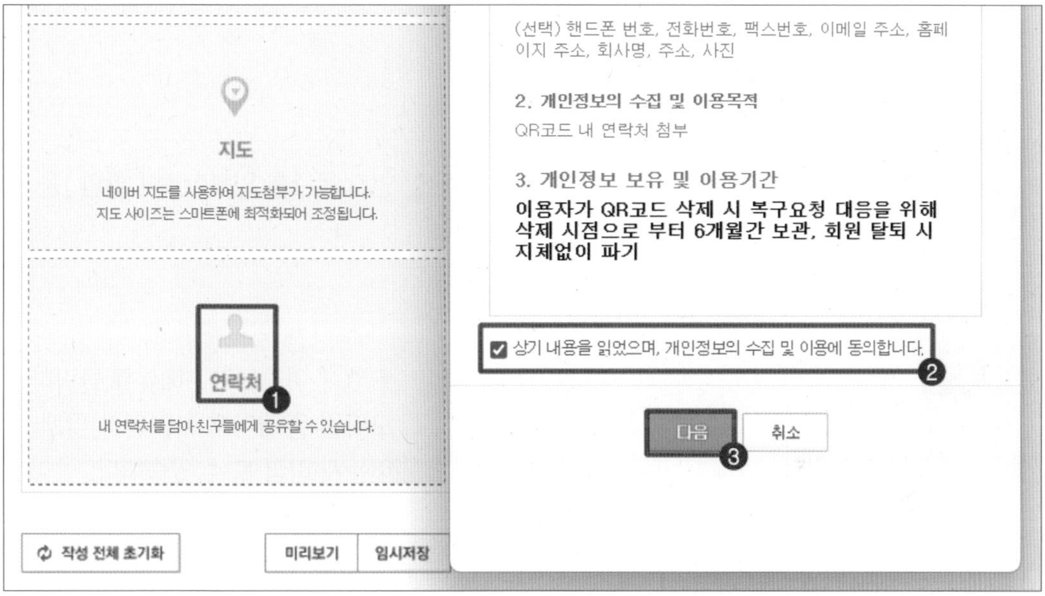
지도
네이버 지도를 사용하여 지도첨부가 가능합니다.
지도 사이즈는 스마트폰에 최적화되어 조정됩니다.
연락처
내 연락처를 담아 친구들에게 공유할 수 있습니다.
작성 전체 초기화
미리보기
임시저장
(선택) 핸드폰 번호, 전화번호, 팩스번호, 이메일 주소, 홈페이지 주소, 회사명, 주소, 사진
2. 개인정보의 수집 및 이용목적
QR코드 내 연락처 첨부
3. 개인정보 보유 및 이용기간
이용자가 QR코드 삭제 시 복구요청 대응을 위해 삭제 시점으로 부터 6개월간 보관, 회원 탈퇴 시 지체없이 파기
상기 내용을 읽었으며, 개인정보의 수집 및 이용에 동의합니다.
다음
취소

▶ 다시 연락처를 추가하기 위해 ① [연락처]를 클릭합니다. ② 개인정보 동의에 체크하고 ③ [다음] 버튼을 클릭합니다.

▶ 주소 입력창에 자신의 사진을 등록하고 연락처 및 간단한 인사 문구를 입력한 후 [확인]을 클릭합니다.

▶ ① [미리보기] 메뉴를 클릭하면 모바일 홈페이지 화면이 어떻게 보이는지 미리 볼 수 있습니다.
② [작성완료]를 클릭하면 QR코드가 생성이 됩니다.

▶ ① [미리보기] 메뉴를 클릭하면 완성된 모바일 홈페이지 화면을 미리 볼 수 있습니다. ② [코드저장]을 클릭하면 QR코드를 이미지나 인쇄용 파일로 저장한 후 용도(명함이나 현수막 등)에 맞게 사용할 수 있습니다. ③ 생성된 QR코드를 [HTML] 언어로 변환해주어 블로그나 홈페이지 등에 연동할 때 사용하면 좋습니다.

▶ 완성된 QR코드를 수정, 저장하거나 외부로 내보내기 할 경우에는 ① [내 코드관리]를 클릭합니다. ② [코드 내보내기] 메뉴를 활용하면 완성된 QR코드를 내 메일, 블로그, 휴대폰으로 전송할 수 있습니다.

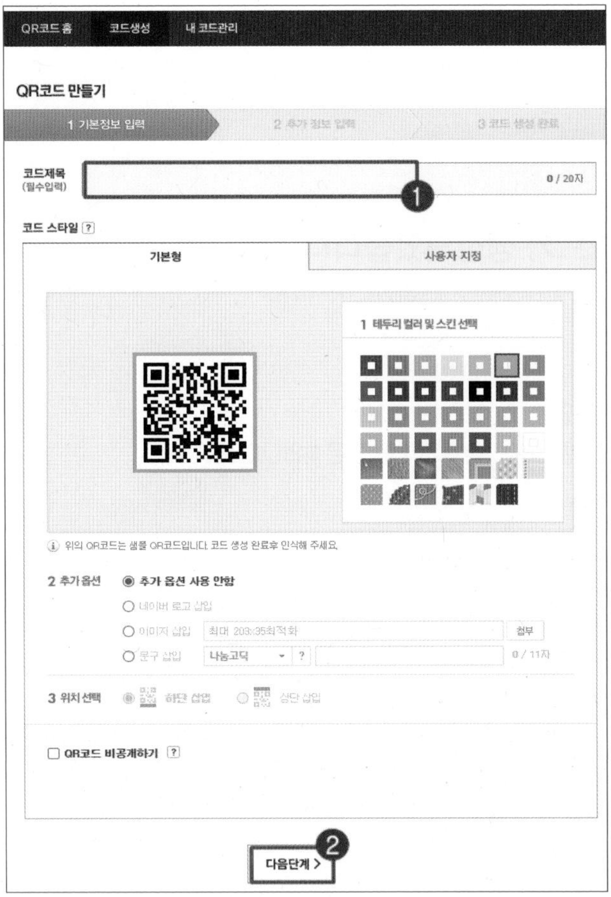

▶ 네이버에서 QR코드를 제작하면 좋은 점 중의 하나가 QR코드 이미지가 같아도 해당 콘텐츠 링크 주소 변경만 해주면 변경된 콘텐츠가 보인다는 것입니다. ① [코드 제목]에 해당 QR코드 이름을 입력합니다. ② [다음단계] 클릭합니다.

▶ ① [링크로 바로 이동]을 클릭합니다. ② QR코드를 스캔했을 때 보여주고자 하는 콘텐츠 링크 주소를 복사해서 붙여 넣기만 하면 됩니다. ③ [작성완료]를 클릭합니다. 추후에 관련 링크 주소를 변경해주면 같은 QR코드 이미지라도 고객들이 QR코드를 스캔했을 때 변경된 콘텐츠가 보이게 됩니다.

▣ 스마트폰에서 네이버 큐알코드 만들기

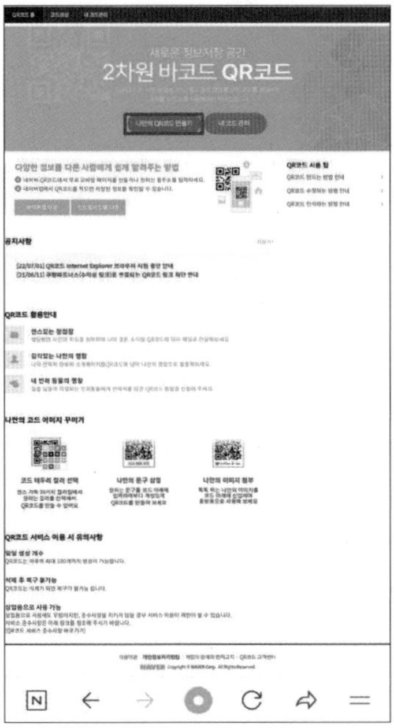

❶ [네이버 앱] 검색창에서 '네이버 큐알코드'라고 입력한 후 검색해서 들어갑니다.
❷ [나만의 QR코드 만들기]를 터치합니다. ❸ [코드제목]을 입력합니다.

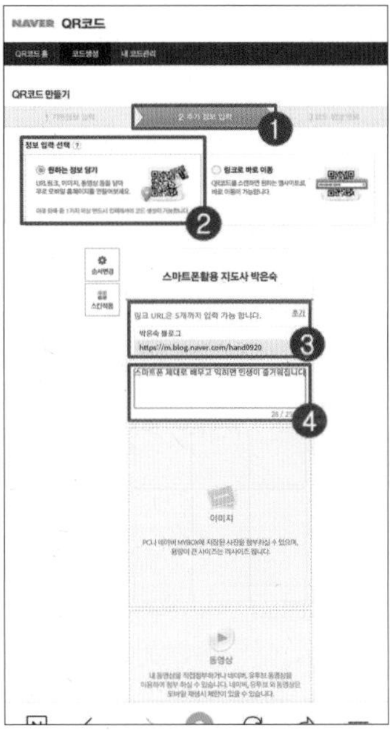

❶ [추가 옵션] 기능 중 ① 이미지 삽입과 문구 삽입은 큐알코드 내에 원하는 이미지나 문구를 넣을 수 있습니다. ② [위치 선택]을 하단이나 상단에 삽입가능합니다. ③ [다음단계]를 터치합니다. ❷ ① 추가 정보 입력 창입니다. ② [원하는 정보 담기]는 원하는 정보만 선택해서 입력할 수 있습니다. ③ [링크 바로가기] 기능은 원하는 URL을 입력해서 해당 사이트로 바로 들어갈 수 있습니다. 링크 개수는 5개까지 입력가능합니다. ④ 소개글은 250자 내 입력할 수 있습니다.

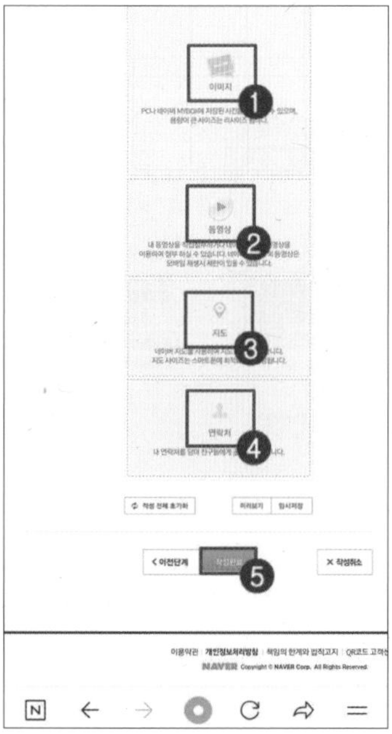

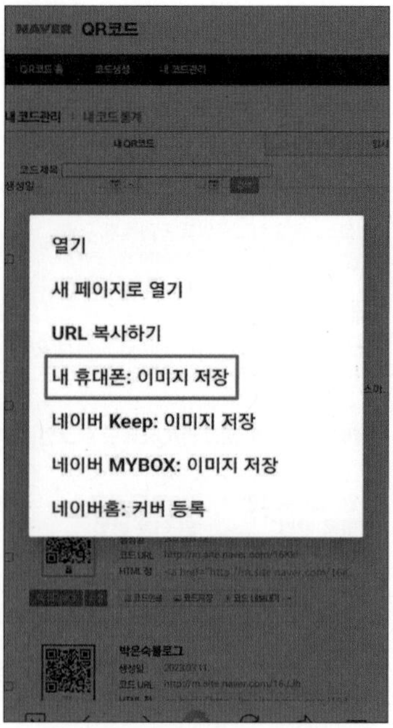

1 ① **[이미지]**를 스마트폰, MYBOX, SNS에서 가져올 수 있습니다. ② **[동영상]**을 첨부할 수 있습니다. ③ **[네이버 지도]**도 첨부할 수 있습니다. ④ **[연락처]**를 삽입할 수 있으며, ⑤ **[작성완료]**를 터치하면 QR코드가 완성됩니다. **2** ① 생성된 QR코드는 **[내 코드관리]**에서 확인합니다. ② **[큐알코드]** 그림을 지그시 누르면 새 창이 뜹니다. **3** 이미지를 저장할 수 있습니다.

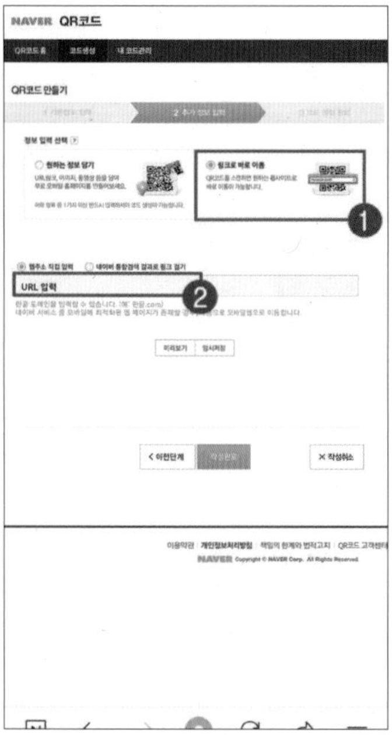

▶ ① **[링크로 바로 이동]**은 QR코드를 스캔하면 홈페이지나 블로그 등 원하는 웹사이트로 바로 이동이 가능합니다. ② 링크를 넣을 때는 PC 링크보다는 모바일 주소를 넣습니다.
큐알코드는 수정이 가능합니다. 기존 브로슈어나 리플렛 등 홍보물 내용을 변경했다고 해서 다시 인쇄할 필요가 없습니다.
큐알코드 수정은 이런 불필요한 작업을 없애고 비용을 절감하게 합니다.
일의 효율성과 효과성을 극대화 시켜주는 마케팅 도구로 큐알코드를 적극 활용하면 좋습니다.

▶ **트래킹(Tracking)** : 앱 트래킹 툴을 사용하여 유저의 행동을 추적하고, 그 데이터를 수집하는 것

웹의 경우 사이트 방문기록과 검색어와 앱의 경우 앱 설치율, 행동경로 등을 분석할 수 있도록 데이터를 추적하여 수집하는 것을 일컫고 있습니다. 개인화 마케팅, 리타겟팅은 모두 트래킹을 기반으로 이루어집니다.

▶ **유저(User)** : 모바일 서비스를 이용하는 개인 또는 단말기

'사용자', '이용자'라고도 불리며, 유저 유입 캠페인 UA(User Acquisition)성과의 기준이 됩니다. 크게 광고유입으로 유입된 논 오가닉 유저(Non-Organic User)와 직접 검색으로 들어온 논 오가닉 유저(Organic User)로 나눌 수 있습니다.

▶ **코호트(Cohort)** : 공통된 특성이나 경험을 갖는 유저 집단

쉽게 말해 조건에 따라 유저를 군집화한 것을 '코호트'라고 말합니다. 이에 코호트 분석은 집단별로 성과수치를 분석하는 기법이고, 예를 들어 2021년에 앱을 다운로드한 유저들의 구매율과 2022년의 구매율을 비교하며 기간에 따른 인사이트를 발굴합니다.

▶ **Funnel(마케팅 퍼널)** : 유저 경로를 단계별로 분류하여 분석하는 방법 = 깔때기 분석

유저가 유입되고 전환에 이르기까지의 주요 단계에 따른 성과를 분석하는 데 사용됩니다.
전체 고객을 대상으로 한 유저 경로를 탐색하면서, 중간중간 떨어지는 이탈고객이 어느 단계에서 떨어지는지 파악하여 고객유치 전략을 세울 수 있습니다. 예를 들어, 유저가 상품 구매를 완료하기 위해 장바구니에 추가, 결제 페이지에 접속, 결제 버튼을 누르는 등 여러 단계를 거친다면, 수치가 낮은 경로를 파악하여 페이지를 개선할 수 있습니다.

▶ **딥링크(Deep Link)** : 유저들이 어플의 특정 위치에 랜딩할 수 있도록 하는 링크

URL을 클릭했을 때 앱을 설치하지 않아도 해당 앱의 특정 페이지로 이동할 수 있는 링크입니다. 유니버설 링크, URI 스킴 및 앱 링크는 모바일 딥링크가 작동하도록 하는 다양한 기술 표준으로 사용자가 앱 내부 콘텐츠에 직접 도달하도록 합니다.

▶ **SDK(Software Development Kit)** : 소프트웨어 개발 도구 모음

개발자를 위해 제공하는 도구를 말하며 앱마케팅 시장에서는 앱을 개발하는 데 필요한 도구를 칭하는 단어입니다. 운영체제별(android, ios, javascript 등) SDK를 제공하는 것이 특징적입니다.

▶ **이벤트(Event)** : 앱 내에서 유저가 수행하는 행동

서비스 내에서 상품 구매 행동, 좋아요, 클릭, 댓글 달기 등 유저가 수행하는 다양한 행동을 이벤트라고 칭합니다.

▶ **이벤트 트래킹(Event Tracking)** : 앱 내에서 발생하는 이벤트를 수집하고 분석하는 과정

유저의 행동을 추적한다는 의미로, 이벤트 트래킹을 통해 유저의 행동 패턴을 파악하고 앱의 성능을 평가하여 개선할 수 있습니다.

▶ **컨버전(Conversion)** : 유저가 원하는 목표를 달성하는 것

간단하게 말해 마케팅 캠페인의 결과로써 '전환'과 같은 개념입니다. 기존에 설정한 기대행동을 유저가 얼마만큼 완료했는지를 판단합니다. 앱에서 상품을 구매하는 것이 목표이고, 유저가 실제로 상품을 구매하면 컨버전이 발생한 것입니다.

▶ **포스트백(Postback)** : 고객에 의해 발생한 광고 성과를 매체사에 돌려주는 것

웹사이트, 네트워크 또는 앱에서의 유저 행동을 보고하기 위해서 서버 간 정보를 교환하는 것을 말합니다. 인스톨, 인앱 이벤트 등의 데이터를 트래킹 툴에서 전송하면 매체사는 이 정보를 가지고 광고를 최적화를 진행합니다.

▶ **유입 경로(Referral Source)** : 모바일 환경에서 유저가 앱으로 들어온 경로

유저가 특정 서비스나 페이지에 방문하게 된 경로를 분석하여 마케팅 최적화를 진행할 수 있습니다. 검색 엔진에서 앱을 검색한 경우, 유입 경로는 "organic search"가 되며 이처럼 자연 유입되었거나 집행한 광고 중 어떤 것이 유저를 유입하게 만들었는지를 분석합니다.

▶ **속성(Attribute)** : 앱의 특정 요소를 나타내는 값

예를 들어, 유저의 성별, 나이, 지역 등이 속성이 될 수 있습니다. 속성을 분석함으로써, 유저의 특성이나 행동 패턴을 파악할 수 있습니다.

▶ **Attribution(어트리뷰션)** : 유입성과 분석

어떤 결과의 원인을 찾는 과정으로, 어떤 광고 매체로 인해 광고 성과가 도출되었는지를 찾는 것을 말합니다.

▶ **Analytics(애널리틱스)** : 유저 행동분석

어트리뷰션은 외부의 트래픽 소스를 식별하는 데 중점을 두지만 애널리틱스는 앱 내부에서 활동하는 유저의 행동을 분석하는 데 초점을 맞춥니다.

▶ **세션(Session)** : 앱에서 시작부터 종료까지 유저가 발생시킨 일련의 활동

유저가 앱을 오픈하여 이탈하기까지를 말하며 '방문수'와 유사한 개념입니다. 유저가 앱을 오픈한 후 30분간 어떤 액션도 취하지 않았을 때 이탈했다고 정의하며 이 경우 세션1이 카운트됩니다. 세션이 많다는 것은 서비스 내에 조회할 콘텐츠가 많다는 것을 의미하기도 합니다.

▶ **체류시간** : 유저가 특정 서비스에 접속하여 머물다가 떠날 때까지의 시간

앱/웹, 페이지, 콘텐츠를 파악하고 상호작용한 데에 걸리는 시간입니다. 체류시간이 너무 짧다면 해당 서비스에서 고객에게 유의미한 이득을 주지 않았다는 것을 의미하며, 고객의 관심도를 가늠하는 지표이기도 합니다.

▶ **페이지 뷰(page view)** : 앱 내에서 특정 페이지나 화면이 유저에게 표시된 횟수

얼마나 많은 이용자들이 방문하는가를 나타내는 일반적인 척도이기도 하나, = 방문자라고 할 수 없습니다. 예를 들어, 상품 조회 페이지를 7번 넘겨 보았다면, 페이지 뷰는 7으로 책정됩니다.

▶ DAU(Daily Active Users) : 일일 활성 유저 수

00시~당일 23시 59초까지 동일한 고유식별자를 1 카운트 하여 책정합니다. 매일 유입이 중요한 게임, 메신저 등의 비즈니스에서 중요한 성과척도로 활용합니다. 어제 총 1만 명이 앱을 열어서 사용했다면, DAU는 1만 명입니다.

▶ WAU(Weekly Active Users) : 주간 활성 유저 수

일요일 00시~토요일 23시 59초까지 동일한 고유식별자를 1로 카운트하여 책정합니다. 장기적 사이클 분석에 용이합니다.

▶ MAU(Monthly Active Users) : 월간 활성 유저 수

1일 00시~말일 23시 59초까지 동일한 고유식별자를 1로 카운트하여 책정합니다. 지난 1달간 앱을 사용한 유니크한 유저 수가 10만 명이면, MAU는 10만 명입니다.

▶ ARPDAU(Average Revenue Per Daily Active User) : 일일 평균 수익

총 결제금액/DAU로 계산하며, 일일 활동 사용자를 대상으로 얼마나 수익이 잘 나고 있는지 확인할 때 확인됩니다. 어제 총매출이 1,000만 원이고, DAU가 1만 명이었다면 ARPDAU는 10만/1만 = 1,000원입니다.

▶ ARPPU(Average Revenue Per Paying User) : 결제 유저당 평균 결제 금액

총 결제금액/결제유저수로 계산하며, 결제 금액에 따른 평균 수익에 한계가 없는 비즈니스일 때 많이 확인되는 지표입니다. 예를 들어 구독 서비스로 정액제를 납부하는 서비스와 달리, 다양한 상품을 판매하는 이커머스 비즈니스일 때 고객들의 구매력을 확인할 수 있습니다.

▶ **ARPU(Average Revenue Per User)** : 유저당 평균 수익

총 결제금액/총유저수로 계산하며, 앱의 성과를 확인할 수 있는 가장 빠르고 간단한 지표입니다. 1개월 동안 1,000만 원의 매출이 발생하고, 이때 앱을 이용한 유니크한 유저수가 1만 명이었다면, ARPU는 1,000만/1만 = 1,000원입니다.

▶ **LTV(Lifetime Value)** : 유저 1명당 서비스에서 이탈하기 전까지 지불하는 금액 또는 앱을 사용하는 동안 발생할 수 있는 유저당 기대수익

ARPU*(1/1-retention rate)로 계산하며, 서비스를 이용하는 생애 동안 얼마나 많은 가치를 가져올지 예측할 수 있습니다. 이에 따라 마케팅 예산에 대한 의사결정을 도우며 고가치 유저들을 유치할 수 있도록 합니다.

▶ **Stickiness(고착도)** : 웹사이트나 앱 등 디지털 콘텐츠가 유저에게 얼마나 유지되는지를 나타내는 지표

일반적으로 DAU/MAU*100로 계산합니다. 유저의 앱 재사용률 파악하기 위한 지표로 재방문 정도를 관리해 활성화, 충성도를 파악할 수 있습니다. 유저가 해당 웹사이트나 앱에서 머무르는 시간과 그들이 활동한 페이지, 콘텐츠가 얼마나 유저 중심으로 구성되어 있느냐를 참고할 수 있는 지표입니다.

▶ **리텐션(Retention)** : 서비스 재사용률을 말하며, 특정 시점 이후 유저가 남아있는 비율

서비스의 미래를 평가 및 예측하기 좋은 지표입니다. 예를 들어, 7일 리텐션은 앱을 다운로드한 유저 중 7일 이내에 앱을 다시 실행한 유저들의 비율을 나타냅니다.

▶ **Retention Rate(유지율)** : 이전에 앱을 사용한 유저가 일정 기간 내에 다시 앱을 사용한 비율

흔히 리텐션률이라고 말하며, 일정 기간 동안 제품 또는 서비스를 지속적으로 사용하는 고객의 비율로 정의됩니다. 서비스 내의 중요 전환 이벤트가 무엇인지, 유저의 사용주기가 어떻게 되는지를 판단하여 다양한 기준에 따라 측정합니다.

▶ **Bounce Rate(이탈율)** : 유저가 앱 이용을 중단한 비율

유저가 랜딩 페이지에 도달 후 추가 페이지 이동 없이 종료한 비율을 말합니다. 광고 클릭 후 서비스에 유입되었지만 흥미를 느끼지 못하고 바로 나가는 경우가 있으며, 해당 지표를 줄이는 것이 마케팅 최적화의 목표가 되기도 합니다.

▶ **Conversion Rate(전환율)** : 마케팅 활동을 통해 유입된 트래픽 중 실제 구매, 가입, 다운로드 등의 원하는 행동을 한 비율

전환율은 광고의 효과를 평가하는 중요한 지표 중 하나입니다. 예를 들어, 광고를 클릭한 100명 중에서 10명이 제품을 구매했다면, 전환율은 10%가 됩니다.

▶ CTR(Click-Through Rate) : 광고 노출 수 대비 광고 클릭 수의 비율

클릭 수/광고 노출 수*100으로 계산하며 광고의 질을 평가하는 지표 중 하나로, CTR이 낮다는 것은 광고 소재에 문제가 있으므로 최적화를 진행해야 함을 뜻합니다.

▶ CPC(Cost-Per-Click) : 광고주가 광고 클릭당 지불하는 비용

전체 광고비/클릭 수로 계산하며 예를 들어, 광고주가 1,000원의 CPC를 제시하면 광고를 클릭한 유저가 발생할 때마다 1,000원씩 비용이 부과됩니다.

▶ CPI(Cost Per Install) : 광고를 클릭한 유저 중 앱을 설치한 유저에 대한 광고 비용

CPA의 한 종류로 설치를 기준으로 과금하며 실제 전환을 이끌어내기 때문에 보장성 광고유형에 속합니다. 캐시슬라이드 등 앱테크에서 볼 수 있는 앱 설치 후 리워드 지급과 같은 광고가 예시입니다. 페이스북 광고를 통해 100명이 앱 설치 페이지에 접근했고, 이 중 30명이 실제로 앱을 설치했다면, CPI는 광고 비용/30으로 계산됩니다.

▶ CPA(Cost Per Action) : 특정 액션 당 비용

참여당 비용이라고도 말하며 구매, 가입, 다운로드 등의 핵심 전환을 기준으로 하기 때문에 광고비가 상대적으로 비싼 편입니다. 광고를 통해 상품 구매를 유도하는데, 광고 비용이 50만 원이고, 이에 대한 상품 구매 수가 1천 개라면, CPA는 50만/1천 = 500원입니다.

▶ CPM(Cost Per Mille) : 광고가 1,000번 노출될 때의 비용

광고 노출 수가 많은 브랜딩 광고에서 사용되며 대표적으로 네이버 타임보드 광고가 있습니다. 광고를 통해 10,000번 노출되었고 광고비용이 1000원이라면 CPM은 1,000/(10,000/1,000) = 100입니다.

▶ CAC(Customer Acquisition Cost) : 고객 유치 비용

신규고객 1명을 유치하기 위해 필요한 비용을 말하며 총광고비가 500만 원이고, 이에 대한 신규고객 유치 수가 1천 명이라면, CAC는 500만/1천 = 5천 원입니다.

▶ ROI(Return on Investment) : 마케팅 비용에 대한 수익률

광고비를 100만 원 사용했고, 이에 대한 매출이 200만 원이라면, ROI는 (200만-100만)/100만*100 = 100%입니다.

▶ KPI(Key Performance Indicator) : 마케팅 성과를 측정하기 위한 주요 지표

비즈니스에 따라 다르게 선정되며 서비스업의 경우 고객만족도 점수가 대표적인 예시가 되며, 광고 효과를 측정하기 위한 KPI로는 클릭 수, 구매 전환율, 방문자 유입 등을 사용할 수 있습니다.

▶ ROAS(Return on Ad Spend) : 광고비용 대비 매출액 비율

광고 캠페인으로 발생한 수익/비용*100으로 책정되며, UA 마케팅 성과를 측정하는 데 필요한 가장 대표적인 지표입니다.

▶ **노출 수(Impressions)** : 광고가 노출된 횟수

광고 배너가 웹페이지에 로드되어 유저에게 보여진 횟수 등을 말합니다.

▶ **클릭 수(Clicks)** : 광고를 클릭한 유저 수

노출 수(Impressions)와 비교하여 광고의 성과를 평가하는 지표 중 하나입니다.

▶ **캠페인(Campaign)** : 마케팅 활동을 위한 광고 캠페인

목적을 달성하기 위해 실시하는 광고와 같은 모든 마케팅 활동을 말합니다. 목표, 제품, 시기, 타겟 등에 따라 각각의 캠페인을 구성할 수 있습니다.

▶ **A/B Testing(AB 테스트)** : 두 가지 이상의 버전을 비교하여 가장 효과적인 버전을 선택하는 방법

광고 문구, 색상, 디자인 등을 두 가지 이상의 버전으로 만들어 특정 기간 동안 노출하여 클릭률, CVR 등을 비교하여 가장 효과적인 버전을 선정하는 방법입니다. 검색 광고, 소셜미디어 광고, 이메일 마케팅 등 각 채널에 대해 발생한 성과를 구매, 가입, 다운로드 등의 지표로 분석하여 어떤 채널이 가장 효과적인지 파악할 수 있습니다.

▶ **리타겟팅(Retargeting)** : 이전에 상호작용한 적 있는 유저에게 다시 광고를 보여주는 마케팅 전략

일차적으로 광고에 영향을 받은 대상을 타겟으로 한번 더 광고 및 마케팅함을 말합니다. 광고 제품이나 서비스에 대한 인지도가 형성되는 경향이 있어 리타겟팅 시 구매확률이 더 높아질 수 있다는 장점을 가집니다.

▶ **랜딩 페이지(Landing Page)** : 마케팅 캠페인이나 광고를 통해 유저가 처음 접하는 페이지

랜딩 페이지는 광고의 질과 성과를 평가하는 중요한 요소 중 하나입니다. 앱에서는 앱 다운로드 페이지나 특정 기능을 강조하는 페이지 등이 랜딩 페이지가 될 수 있습니다.

▶ **리다이렉션(Redirection)** : 유저를 특정 페이지로 이동시키는 것

마케팅에서는 유저를 웹 사이트로 유입시키고, 이들을 특정 페이지로 유도하여 구매 또는 컨버전을 유발하는 것이 목적입니다.

▶ **트리플 미디어(Triple Media)** : Owned, Paid, Earned Media를 일컫는 말

콘텐츠 결정권에 따라 직접 소유한 매체인지, 제3자(커뮤니티 이용자, 광고 매체 등)에 의해 운영되는 매체인지에 따라 구분되는 개념입니다. 브랜드가 실제로 소유한 매체의 경우 Owned, 제3자에 의해서 공유 및 창작되는 매체의 경우 Earned, 광고 지면에 유료로 노출되는 경우 Paid Media로 분류됩니다.

▶ **Ad Exchange** : 광고주와 광고 플랫폼의 중개자 역할을 하는 플랫폼

실시간 비딩(RTB) 기술을 이용해 노출 단위로 광고가 게재되는 위치인 인벤토리를 판매합니다. 광고주들은 이러한 경매에 참여해 다른 광고주들과 경쟁하여 인벤토리를 입찰합니다.

▶ **DSP(Demand-Side Platform)** : 광고 인벤토리를 구매하고 광고를 관리하는 툴

광고주들은 DSP를 통해 광고 인벤토리에 대한 입찰을 진행하여 광고를 구매할 수 있습니다. 예를 들어 광고주가 모바일 앱을 광고하고자 할 경우, DSP를 이용하여 모바일 앱의 광고 인벤토리를 입찰하고 광고를 노출할 수 있습니다.

▶ **SSP(Supply-Side Platform)** : 인벤토리 제공자들이 광고를 등록하고 유입하는 툴

광고주들은 SSP를 통해 인벤토리를 구매할 수 있습니다. 예를 들어, 모바일 게임 앱의 제공자가 SSP를 이용하여 광고 인벤토리를 제공하면 광고주는 이를 구매하여 광고를 노출할 수 있습니다.

▶ **Ad Fraud** : 부정한 방법으로 광고 성과를 조작하는 것

클릭판매, 봇 트래픽 등 인위적으로 광고클릭 등 전환성과를 반복해서 조작하는 것을 의미합니다. 이는 광고주들에게 손실을 야기할 수 있으며, 광고 산업 전반에도 해를 끼쳐 이를 방지하고자 제3자인 서드파티트래커가 데이터 분석을 객관적으로 측정하는 역할을 합니다.

▶ **전환 최적화** : 매체에서 전환으로 설정한 특정 이벤트 기준으로 전환을 가장 많이 발생시킬 수 있는 방식으로 매체와 광고 소재를 조정해 가는 것. 퍼포먼스 마케팅의 핵심입니다.

▶ **최적화 기준** : 전환 최적화에서 최적화 대상이 되는 이벤트를 말합니다. 이벤트는 특정 버튼 클릭, 상세 페이지의 일정 영역 조회, 스크롤 뎁스 등 서비스 내의 영역이 될 수 있습니다.

▶ **트래킹** : 서비스 내에서 발생하는 특정 이벤트들이 발생하는 것을 누락 없이 수집하여 매체 혹은 웹로그, MMP 솔루션으로 데이터를 전송하는 것. 매체는 이러한 트래킹을 바탕으로 전환 최적화를 진행하며, 웹로그 및 MMP 솔루션 또한 트래킹을 바탕으로 정보를 축적합니다.

▶ **스크립트** : 각 매체, 솔루션 사에서 이벤트를 트래킹하기 위해 제공하는 자바스크립트 형식의 함수. 조회 및 전환을 추적할 수 있도록 제공되는 공식적인 형식이 있으며, 개발자 문서를 함께 확인하여 서비스 내의 각 위치에 삽입하는 것이 필요합니다. 개발자의 도움을 얻거나 GTM을 통해 삽입 진행합니다.

▶ **픽셀(Pixel)** : 메타 플랫폼에서 스크립트를 표현하는 용어. 디지털 마케팅에서 눈에 보이지 않는 1x1 pixel을 브라우저에 띄우고 행동 정보를 수집하는 스크립트를 픽셀이라 지칭하였는데, 이것이 전해져 메타 플랫폼의 스크립트를 지칭하는 용어가 되었습니다.

▶ **Google Tag Manager(GTM)** : 구글 태그 매니저. 여기서 태그는 자바스크립트를 의미합니다. 매체와 솔루션의 스크립트를 보다 쉽게 설치하고, 숙련자로 하여금 자바스크립트를 활용하여 다양한 액션을 외부에서 서비스에 삽입하면서도 서버에 큰 영향을 주지 않는 Javascript Injection 솔루션입니다.

▶ **머신러닝** : 매체에서 전환 최적화를 진행할 때 사용하는 알고리즘. 매체마다 머신러닝의 알고리즘이 서로 다르며, 외부에 정확한 알고리즘을 공개하지 않습니다. 일반적으로 머신러닝을 잘 시킬 수 있는 방법이 있다고 알려져 있으며, 시기에 따라 그 방법은 달라지므로 지속적인 연구와 학습이 필요합니다.

▶ **캠페인** : 매체에서 집행하고자 하는 광고를 묶는 가장 큰 기준이자 카테고리. 캠페인 목표에 따라 구분하는 것이 일반적입니다. 도달, 노출, 조회, 클릭, 전환 등 다양한 캠페인 목표가 존재합니다. 매체마다 캠페인의 속성과 수가 다릅니다.

▶ **그룹** : 캠페인 목표에 따라 설정된 캠페인 내에서 타겟팅 및 최적화 기준에 따라 구분하는 기준. 매체마다 그룹의 속성과 수가 다릅니다.

▶ **소재** : 이미지, 동영상, T&D, 기타 클릭을 유도하는 여러 요소의 조합으로 이루어진 퍼포먼스 마케팅의 핵심 단위. 퍼포먼스 마케팅은 성과를 유도하는 소재를 찾는 것이 매우 중요합니다.

▶ **T&D(Title & Description)** : 제목과 설명으로 구성된 카피의 세트. 일반적으로 검색광고에서 T&D라는 표현을 많이 쓰며, DA 광고에서도 사용할 수 있으나 DA 광고에서는 카피라는 용어가 더 적합합니다.

▶ **캡션** : 메타 광고에서 소재의 한 요소. 광고 소재나 CTA 버튼 외 광고 상단에 기입하는 카피를 말합니다.

▶ **utm parameter** : 구글 애널리틱스에서 각 광고 혹은 외부에서 유입되는 url에 추가 기입하는 get parameter의 일종. utm_source, utm_medium, utm_campaign, utm_term, utm_ keyword가 있습니다. 각 요소는 통일성 있게 관리될 때 제대로 된 성과 분석이 가능합니다.

▶ **get parameter** : 네트워크 통신에서 정보를 송신하는 방법 중 하나. url의 일부에 ?와 &를 구분자로 하여 원하는 정보를 보낼 수 있으며, utm parameter는 get parameter를 활용한 것. utm parameter 외에도 각 매체 및 MMP 솔루션에서 활용하는 방법들이 있습니다. 네트워크 통신의 방법은 get, post 방법이 대표적입니다.

▶ **A/B 테스트** : 경쟁력 있는 두 가설 중 어떤 가설이 더 결과에 영향을 크게 미치는지 실험하는 방법입니다.

▶ **A/B/n 테스트** : 경쟁력 있는 세 가지 이상의 가설 중 어떤 가설이 결과에 영향을 크게 미치는지 실험하는 방법입니다.

▶ **미디어믹스** : 다양한 매체를 함께 활용하여 성과를 극대화할 수 있도록 전략을 구상하는 방법을 말합니다. 퍼포먼스 마케팅에서는 이것을 수치화하여 한 장의 엑셀 장표로 표현하며 다양한 광고지표를 포함합니다.

▶ **세그먼트(Segment)** : 공통의 정량적, 정성적 속성을 공유하는 오디언스의 집합.

▶ **오디언스(Audience)** : 광고 모수. 광고가 노출되는 집단. 매체마다 확보하고 있는 오디언스의 종류와 크기는 각각 다릅니다.

▶ **타겟팅(Targeting)** : 세그먼트 중 하나 혹은 목적에 맞는 여러 세그먼트를 선택하여 집중 공략을 하는 것.

▶ **페르소나(Persona)** : 공략할 세그먼트를 대표하는 집단을 대표하는 가상의 인물. 페르소나는 구체적일수록 어떻게 공략해야 할지 깊게 탐구할 수 있으므로 지속적인 페르소나의 업데이트가 필요합니다.

▶ **포지셔닝(Positioning)** : 공략할 세그먼트에게 제품과 서비스를 정확하게 인식시키는 과정과 방법. 마케팅 메시지와 효과적인 매체운영이 조합될 경우 퍼포먼스 마케팅을 통해서도 소비자에게 강력한 포지셔닝이 가능합니다.

▶ **CDJ(Customer Decision Journey)** : 고객 구매 여정. 고객이 니즈가 생기가 정보를 탐색하여 구매를 하는 전 과정을 의미. 퍼포먼스 마케팅에서는 CDJ를 매체 관점에서 이해합니다.

▶ **최초 상기도(Top Of Mind)** : 특정 제품군 혹은 서비스를 언급했을 때 특정 브랜드를 가장 먼저 떠올리는 정도를 의미. 최초 상기도가 높을수록 강력한 인지를 획득한 것.

▶ **광고 상기도** : 광고를 보았을 때 이 광고가 어떤 제품과 서비스의 광고인지 떠올리는 정도를 의미. 디지털 인지 캠페인에서 가장 많이 측정하고자 하는 지표.

▶ **온드미디어(Owned Media)** : 기업이 직접 소유하고 있는 미디어. 홈페이지, 블로그, 인스타그램 페이지, 페이스북 페이지 등. 때에 따라 광고주가 인스타그램 퍼포먼스 마케팅을 하고 있다고 이야기하는 경우에 사실은 온드미디어 페이지 콘텐츠 운영인 경우가 다수.

▶ **언드미디어(Earned Media)** : 기업이 돈을 지불하고 콘텐츠를 배포하는 미디어. 뉴스, 기자, 블로거, 인플루언서 등을 활용한 채널을 총칭.

▶ **페이드미디어(Paid Media)** : 기업이 돈을 지불하고 광고지면을 가지고 있는 미디어의 특정 시간과 공간을 구매한 것. 퍼포먼스 마케팅에서 활용하는 매체들은 이러한 관점에서 페이드미디어.

▶ **UA 마케팅** : 유저의 앱 설치와 활성 사용자 획득을 위한 앱 마케팅.

▶ SA(Search Ads) : 검색광고. 검색포털에서 특정 검색어를 입력하였을 때 검색결과 화면에 노출되는 광고.

▶ BSA(Brand Search Ads) : 브랜드 검색 광고. 검색광고의 일종으로 검색포털에서 브랜드와 관련된 특정 검색어를 입력하였을 때 검색결과 화면에 해당 브랜드를 강조하는 독점 영역이 출현.

▶ DA(Display Ads) : 디스플레이 광고. 웹/앱상에서 볼 수 있는 이미지 광고를 총칭.

▶ VA(Videos Ads) : 동영상 광고. 웹/앱상에서 볼 수 있는 동영상 광고를 총칭.

▶ SOV(Share Of Voice) : 광고 점유율. 특정 산업이나 분야에서 전체 광고 집행 비중에서 개별기업이 차지하는 광고의 비중.

▶ SERP(Seach Engine Result Page) : 검색결과 화면. 검색결과 영역에서 검색광고 외 모든 검색된 콘텐츠가 표시되는 것을 포함.

▶ PMF(Product Market Fit) : 제품과 시장의 궁합. 시장을 만족시킬 수 있는 좋은 제품을 찾았다면 PMF가 성공적으로 수행된 것. 이 과정에서 MVP를 통해 핵심 가설을 검증합니다.

▶ MVP(Minimum Viable Product) : 최소 기능 제품. 시장을 공략할 최소한의 기능만을 갖춘 제품을 말하며 최단 시간에 빠르게 런칭한 후 결과에 따라 수정하며 완성도를 높입니다.

▶ **LMF(Language Market Fit)** : PMF 이후 어떤 메시지가 시장에서 타겟에게 가장 높은 성과를 이끌어 내는지 테스트를 진행하는 것. 단기간에 A/B 테스트를 반복하며 먹히는 메시지를 찾아냅니다.

▶ **CMF(Channel Market Fit)** : LMF를 수행하며 어떤 채널이 가장 시장을 공략하기에 적합한지 찾아내는 것. 온라인 채널은 채널마다 서로 다른 타겟이 모여있기 때문에 CMF 또한 퍼포먼스 마케팅에서 매우 중요합니다.

▶ **CTA(Call To Action)** : 행동 유도 문안. 버튼의 형태가 될 수도 있고 특정한 문구를 활용하는 형태가 될 수 있습니다. CTA 버튼의 성능에 따라 성과가 크게 달라질 수 있습니다.

▶ **ASO(App Store Optimization)** : 앱스토어 최적화. A/B 테스트를 기반으로 앱스토어 내의 앱 페이지로 더 많은 트래픽을 유도하여 더 많은 다운로드를 이끌어 내는 것이 목표.

▶ **SEO(Search Engine Optimization)** : 검색엔진 최적화. 네이버, 구글 등 검색 엔진의 검색 결과에서 광고영역을 제외한 영역에서 자사의 콘텐츠와 제품이 상위영역을 차지할 수 있도록 하는 작업. SEO는 메타 태그 관리와 백링크 등을 관리하는 테크니컬 SEO와 검색엔진이 문맥에 맞는 콘텐츠를 찾아줄 수 있도록 키워드와 스토리텔링을 중심으로 구성하는 콘텐츠 SEO로 나뉩니다.

▶ **Meta Tag(메타 태그)** : HTML 문서의 맨 위쪽에 위치하는 태그로 브라우저와 검색엔진이 해당 HTML 문서를 더 잘 활용할 수 있도록 다양한 정보를 담고 있습니다.

▶ **Back Link(백링크)** : 다른 웹사이트에서 우리의 웹사이트로 연결시키는 링크. 과거 백링크가 많을수록 구글 Page Rank 알고리즘에서 유리하여 검색 검색노출이 가능했으나, 유의미한 백링크가 아닌 생성기로 연결하는 경우 스팸처리가 되는 방향으로 개선되고 있습니다.

▶ **Google Search Console** : 구 웹마스터 도구가 바뀐 이름. SERP 검색 랭크를 위한 구글의 도구로, 웹사이트 노출 횟수, 크롤링 가능 여부, 인덱싱 상태 점검, 검색 키워드 분석, 모바일 사용 편의성 등을 살펴보고 개선할 수 있는 분석 도구.

▶ **LPO(Landing Page Optimization)** : 랜딩페이지 최적화. 랜딩페이지를 여러 형태로 나누어 기획하여 어떤 형태의 랜딩페이지가 가장 전환율이 높은지 찾아내는 것. 구글 옵티마이즈, 옵티마이즐리 등 다양한 툴을 활용하여 테스트하면 편리하게 진행 가능.

▶ **CRM(Customer Relationship Management)** : 고객 관계 관리. 소비자를 자신의 고객으로 만든 이후 장기간 유지하고 함. 퍼포먼스 마케팅에서는 LTV를 극대화 하기 위한 방안으로 다루며, 자사 보유한 1st party data를 기반으로 앱푸시, LMS, 카카오톡 플러스친구 메시지 등을 발송하는 방법이 일반적입니다.

▶ **온사이트 CRM** : CRM 방법 중, 웹사이트나 앱에서 활동하고 있는 유저가 이탈하기 전에 지속적으로 메시지를 송출하는 방법. 채널톡, 빅인, 브레이즈 등을 주로 활용합니다.

▶ **오프사이트 CRM** : CRM 방법 중 이탈 유저를 대상으로 LMS, 앱푸시, 카카오톡 플러스 친구 메시지 등을 활용하여 재유입 시키는 방법. 온사이트와 다르게 활동 중인 유저가 아니라 이탈 유저를 대상으로 하며 상대적으로 온사이트 CRM에 비해 더 큰 비용이 발생합니다.

▶ **SEM(Search Engine Marketing)** : 페이드 미디어를 활용한 검색광고.

▶ **Push 매체** : 유저의 니즈가 없음에도, CDJ의 곳곳에서 먼저 광고 메시지를 보여주는 매체. DA 매체가 중심이 됩니다.

▶ **Pull 매체** : 유저의 니즈가 발생하여 CDJ상 비교/검색을 위해 해당 제품 및 서비스와 관련된 정보를 찾을 때 검색 결과 화면에서 광고를 노출하는 매체. SA 매체가 중심이 됩니다.

▶ **셀프 서빙 매체(Self-Serving Media)** : 광고를 운영할 수 있는 대시보드와 UI가 준비되어 있어, 누군가의 도움을 받지 않고도 광고 세팅, 운영, 결제 및 성과 분석을 진행할 수 있는 매체. 네이버, 카카오, 구글, 페이스북 등 주요 매체는 모두 셀프 서빙 매체입니다.

▶ **인벤토리(Inventory)** : 광고 구좌. 매체사에서 확보하고 있는 광고를 노출할 수 있는 웹/앱상에서의 모든 공간을 의미. 퍼포먼스 마케팅에서는 특정 웹사이트의 특정 지면들, 각종 SNS에서의 피드 지면들, 이 외 각종 앱 내의 특정 지면들을 의미하며, 구글이 웹/앱/Youtube의 가장 방대한 지면을 가지고 있다. 지면이 많은 매체일수록 CPM이 낮아지는 특성이 있습니다.

▶ **피드 광고** : SNS의 피드 지면에 노출되는 광고. 피드 광고는 특성상 하나의 광고가 노출될 때 다른 광고가 함께 노출되지 않고 주목도가 높기 때문에 CTR, CVR이 높은 경향이 있습니다.

▶ **네트워크 광고** : Ad Network에 노출되는 광고. 네트워크 광고는 특성상 하나의 광고가 다수의 광고와 경쟁하므로 주목도가 낮은 특성이 있고, 다른 광고를 이기기 위한 경쟁력이 필요하며 CTR과 CVR이 낮은 경향이 있습니다.

▶ **푸시 메시지 광고** : 앱 푸시 메시지, 카카오톡 플러스 친구 메시지, LMS 메시지 등 당사 보유한 고객에게 직접적인 마케팅 메시지를 발송하는 광고.

▶ **LMS(Long Message Service)** : 문자메시지의 일종으로, 광고로 활용할 때 문구가 길어지는 특성이 있어 대부분의 문자메시지 광고는 LMS 형태로 송출됩니다. 대표적인 활용 플랫폼은 문자나라입니다.

▶ **지면** : 광고 게재 지면. 피드, 네트워크, 푸시 메시지, 검색결과 지면 등 광고가 최종적으로 보이는 온라인상의 공간을 의미.

▶ **cookie(쿠키)** : 인터넷에서 사용자가 어떤 웹사이트를 방문할 경우, 그 사이트가 사용하고 있는 서버를 통해 사용자의 컴퓨터에 설치되는 기록 정보. 이를 활용하여 특정 웹사이트에서의 특정 활동 및 환경설정 등을 손쉽게 할 수 있으나 개인정보침해 이슈가 있습니다. 세션 추청을 비롯한 현재의 퍼포먼스 마케팅은 대부분 쿠키를 기반으로 이루어집니다.

▶ **1st party cookie** : 방문한 사이트에서 발행하는 쿠키. 하나의 사이트에 대한 정보만 입력되며, 3rd party cookie 이슈로부터 자유롭습니다.

▶ **3rd party cookie** : 방문한 사이트가 아닌데도 발행하는 쿠키. 방문하는 모든 사이트에 걸쳐 발생한 정보들이 3rd party cookie의 주인에게 전송되어 활용됩니다. 각 매체사에서 사용자 행동 추적 및 리마케팅을 할 때 활용하고 있습니다. 장기적으로 3rd party cookie 활용은 중단될 것이며, 새로운 퍼포먼스 마케팅 방식을 고민해야 할 필요가 있습니다.

▶ **1st party data** : 방문한 사이트에서 발생한 데이터. 회원가입 및 CRM데이터를 포함하며 1st party cookie에 저장한 다양한 정보를 활용할 수 있습니다. RTB House는 1st party data를 활용한 리타겟팅 매체.

▶ **3rd party data** : 방문하지 않은 사이트에서 발생한 데이터. 3rd party cookie를 활용한 데이터를 포함하며 DMP를 통해 구매한 데이터 또한 자사 입장에서는 3rd party data가 됩니다.

▶ **CDP(Customer Data Platform)** : 고객 데이터 플랫폼. 여러 플랫폼에 걸쳐 축적된 고객데이터를 통합하여 마케팅 및 운영에 활용할 수 있도록 설계한 플랫폼. 마이데이터는 거대한 CDP 생태계로 이해할 수 있습니다. 3rd party cookie 제한에 따른 대안으로 등장한 측면이 있으나, 11번가, 쿠팡 등과 같은 거대 플랫폼이 아닌 경우 CDP를 구축하기 어려운 한계가 있습니다.

▶ **Attribution Model(기여 모델)** : 여러 매체와 광고 채널을 운영할 경우, 최종 전환에 가장 크게 기여한 매체와 광고 채널을 어떻게 선별해 낼 것인지에 대한 문제가 대두됩니다. 기여 모델은 이 경우에 대해 성과 분배 로직을 통해 성과에 가장 크게 기여한 매체를 찾아내는 도구. 궁극적으로는 기여 모델을 통한 성과 재측정을 통해 예산을 재분배하여 성과를 극대화하고자 하는 목표가 있으나 아직까지 한계가 많은 모델.

▶ **MMP(Mobile Measurement Partner)** : 모바일 측정 파트너. 앱 트래킹 솔루션으로 이해하면 됩니다. 웹 마케팅과는 다르게 앱 마케팅은 MMP 활용이 매우 중요. 앱스플라이어, 에어브릿지, 앰플리튜드 등이 대표적.

▶ **비주얼 애널리틱스** : 유저의 웹/앱 내 행동 패턴을 시각화하여 볼 수 있는 분석 솔루션. 유저의 행동 경로를 디테일 하게 볼 수 있는 강점이 있으며, 솔루션에 따라 녹화된 유저의 행동을 영상으로 볼 수 있습니다. 뷰저블, 핫자가 대표적.

▶ **Marketing Automation Solution** : 마케팅 자동화 솔루션, 브레이즈, 빅인, 자동입찰 솔루션 등 디지털 마케팅의 기능들을 자동화하여 효율을 극대화하려는 툴.

▶ **Real-time Bidding System** : 실시간 광고 경매 시스템. 수요와 공급의 원리에 입각하여 광고의 수요자와 공급자가 최적의 가격으로 광고를 거래할 수 있는 시스템. 퍼포먼스 마케팅의 핵심 원리.

▶ **Second Price Auction(이차가격경매)** : 가장 높은 가격으로 입찰한 사람을 기준으로, 그것보다 한 단계 낮은 입찰가를 부른 사람에게 낙찰시키는 광고 원리. 실시간 광고 경매 시스템에서 차용하고 있는 입찰 방식. 입찰가를 높이려는 압력과 입찰가를 낮추려는 압력이 참여자에게 동시에 작용하므로 보다 적절한 가격에 광고 낙찰이 가능합니다.

▶ **DSP(Demand Side Platform)** : 광고주는 DSP를 활용해 수많은 퍼블리셔 광고 인벤토리 중 광고주에게 가장 적합한 인벤토리를 자동구매할 수 있습니다. 실시간 광고 경매 시스템과 이차가격경매를 통해 구매가 진행됩니다. 메타, 구글, 네이버, 카카오 등 대형 광고 플랫폼은 DSP의 특성을 가지고 있습니다.

▶ **DMP(Data Management Platform)** : 다양한 소스에 있는 데이터를 수집하고, 분석하여 사용가능한 형태로 만들어 DSP와 SSP, 때로는 광고주에게 직접 데이터를 제공하는 플랫폼. 광고 타겟팅과 광고 인벤토리에 노출되는 타겟의 특성을 파악하는 일 등을 수행합니다. 메타, 구글, 네이버, 카카오 등 대형 광고 플랫폼은 DSP이자 DMP의 특성을 가지고 있습니다.

▶ **SSP(Suply Side Platform)** : 광고 퍼블리셔는 SSP를 통해 DSP에게 광고 인벤토리를 제공합니다. 수요와 공급의 원리에 의해 퍼블리셔는 최고 CPM으로 광고주에게 광고를 판매할 수 있습니다. 메타, 구글, 네이버, 카카오 등 대형 광고 플랫폼은 DSP이자 DMP, SSP의 특성을 가지고 있습니다.

▶ **퍼블리셔** : 개별 광고 지면을 소유하고 있는 지면의 소유자.

▶ **광고주** : 광고를 구매하고자 하는 지불의사용의가 있는 참여자.

▶ **Ad Network** : 시장이 커지면서 매체가 늘어나게 되고, 개별 매체를 관리하기 힘들어지면서 광고를 개별적으로 구매해야 하는 광고주의 피로도와 개별적으로 판매해야 하는 피로도가 증가하게 되었습니다. 이러한 문제점을 해결하기 위해 실시간 광고 경매 시스템과 이차가격경매 로직으로 수요와 공급의 원리에 입각해 광고의 구매와 판매하는 시장이 나타나게 되었는데, 이것이 Ad Network. DSP, SSP, DMP는 Ad Network를 구성하는 참여자들입니다.

▶ **Ad Exchange** : Ad Network에서 여러 광고 네트워크의 인벤토리의 구매와 판매를 용이하게 하는 기술 플랫폼.

▶ **iOS** : 애플 OS.

▶ **AOS** : 안드로이드 OS.

▶ **LAT(Limited Ad Tracking)** : 애플의 광고 추적 제한 기능. iOS 14 업데이트 이후 LAT가 디폴트가 되면서 이에 동의한 유저들은 IDFA를 매체와 MMP에 제공하지 않게 되었습니다. 따라서 iOS를 중심으로 퍼포먼스 마케팅의 성과가 장기적으로 악화되고 있습니다.

▶ **ATT(App Tracking Transparency)** : 앱 트래킹 투명성 정책. 개인정보 동의를 한 유저들만 개인정보를 추적하게 하는 정책. iOS 14 업데이트 이후 ATT의 광범위한 적용이 이루어졌고 LAT가 iOS 전반에 확대되었습니다.

▶ **MAT(Mobile App Tracker)** : MMP 솔루션은 MAT입니다. 이것들을 사용하는 경우 각 매체의 MAT 타겟 기능을 사용하여 리타겟팅 혹은 유사타겟 기능을 사용할 수 있습니다.

▶ **ADID(Advertising ID)** : 구글 플레이스토어가 제공하는 광고식별값. 앱에서의 쿠키와 같은 기능을 하며, 행동 기록을 쿠키보다 훨씬 자세하게 분석할 수 있습니다. 장기적으로 IDFA처럼 제공 정보가 제한될 예정입니다.

▶ **IDFA(ID For Advertisers)** : 애플 앱스토어가 제공하는 광고식별값. 현재 대부분의 IDFA 값은 매체와 MMP에 제공되지 않고 있습니다.

▶ **IDFV(ID For Vendors)** : 벤더 식별자. 한 개발자의 모든 앱에 할당되는 코드. IDFV를 활용하여 iOS 사용자를 추정하는 방식이 있으나, 효과적인 대안으로 인식되지는 않습니다.

▶ **딥링크** : 모바일 환경에서 URL을 클릭했을 때 특정 앱을 실행시키고 앱의 특정 페이지로 이동시키는 기술.

▶ **원링크** : 어트리뷰션, 리디렉션, 딥링킹 기능을 가진 링크. 단일 링크를 활용하여 다양한 상황에 대응하는 랜딩으로 유저를 보낼 수 있습니다. 다이나믹 링크로도 불리며 앱이 설치되어 있지 않은 사람에게는 앱 설치 후 앱 열기를 클릭하면 타겟한 페이지로 바로 이동시킬 수 있습니다.

▶ **디퍼드 딥링크(Deffered Deep Link)** : 지연된 딥링크. 원링크와 동일하게 앱이 설치되어 있지 않은 경우 앱 설치 후 앱을 오픈하면 원하는 페이지로 이동시킬 수 있습니다. 다만 원링크와 다르게 OS에 맞는 스토어로 보낼 수 없으므로 OS별로 링크를 생성해야 합니다.

▶ **URI Scheme** : 스킴 딥링크. 딥링크의 가장 초기 형태이며 일반적으로 가장 많이 사용되는 방식. URL 링크처럼 앱 내 특정 페이지마다 고유한 주소를 설정하고, 이것을 클릭하면 열리게 합니다. ex) airbridge://page/ko?product=1#content, 여기서 airbridge://가 스킴

▶ **URI(Uniform Resource Identifier)** : 통합자원 식별자. 리소스를 식별하는 문자열.

▶ **URL(Uniform Resouce Locator)** : 웹 페이지, 이미지, 오디오, 비디오 등 리소스의 위치를 가리키는 문자열.

▶ **Universal Links & App Link** : 각각 iOS 및 AOS용 딥링크. URI Scheme은 도메인의 소유권을 증명할 수 없어 하이재킹의 문제가 부각됩니다. 이것을 해결하기 위해 검증된 도메인을 활용하여 딥링크 생성. ex) https://www.airbridge.io/ko?product=1#content, 여기서 https://www.airbridge.io가 도메인

▶ **Fallback** : 어떤 기능이 약해지거나 동작하지 않을 때 대처하는 기능 동작. 웹/앱에서 광고 랜딩 시킨 페이지에서의 특정 기능이 실행되지 않으면 대안으로 마련해 두어야 하는 기능을 의미.

▶ **SDK(Software Development Kit)** : 소프트웨어 개발 키트. 앱 내에 다른 프로그램을 추가하거나 연결할 수 있는 커스텀 앱을 제작할 수 있는 기능도구모음. SDK를 설치함으로써 각 매체에서의 광고 트래킹 및 머신러닝 최적화가 가능해지며, MMP 솔루션 또한 활용을 위한 SDK가 필요합니다. 개인정보보호 이슈가 있어 개발단에서 타 앱의 SDK를 설치하는데 거부감을 가지는 것이 일반적입니다.

▶ **어뷰징** : 광고 성과의 조작을 위해 실제 성과가 아님에도 매체 성과를 과대측정하는 것. 전환 스크립트를 봇으로 강제 반복실행하거나, 기타 특정 목적을 달성하는 스크립트를 봇으로 강제 실행하는 것이 일반적. 최근에는 유저 더미데이터를 활용하여 사람이 달성한 것처럼 조작하는 경우가 있습니다. 데이터 분석 및 검증을 통해 지속적인 관리가 필요합니다.

▶ **부정클릭** : 어뷰징의 일종으로 CPC 기반의 검색광고에서 주로 발생하는 클릭 사기.

▶ **자동입찰 솔루션** : 네이버 검색광고에서 운영자가 원하는 특정 순위, 특정 입찰가를 유지하도록 세팅해두고 자동 운영하게 하는 솔루션. 대표적인 것으로 네이버스가 있습니다.

▶ **리퍼러(Referrer)** : 브라우저로 월드 와이드 웹을 서핑할 때, 하이퍼링크를 통해서 각각의 사이트로 방문 시 남는 흔적을 말합니다. 만약 우리 웹사이트로 들어오기 전 네이버를 들러서 왔다면, www.naver.com이 리퍼러로 남게 됩니다.

▶ **샌드박스(Sand Box)** : A/B 테스트를 위해 만든 외부환경과 독립된 실험 공간.

▶ **USP(Unique Selling Point)** : 차별화할 수 있는 요소. 이것을 중심으로 메시지를 뽑고 LMF 전개. 제품 및 서비스에 맞는 USP가 있는가에 따라 퍼포먼스 마케팅의 성패가 갈릴 정도로 중요한 요소.

▶ **소구포인트** : USP를 기반으로 야마를 뽑아서 고객에게 강력하게 어필하고 싶은 포인트. 실무적으로는 야마와 USP가 혼용됩니다.

▶ **게재지면 필터링** : 각 매체별로 어떤 지면 및 인벤토리에 광고가 노출되었는지 트래킹이 가능한 경우가 있는데, 이때 저성과 지면 및 인벤토리를 셀프 서빙 기반으로, 혹은 매체사에 요청하여 제거하는 것을 의미.

▶ **스플린트** : 성과 창출 및 문제해결을 위한 가설검정을 타이트하게 연속적으로 수행하는 업무 수행 단위.

▶ **스크립트 확인** : 각 매체, 솔루션별로 이벤트를 수집하게 해주는 자바스크립트가 서비스 내 정확한 위치에 정확하게 삽입이 되었는지 확인하는 것. FTP를 열거나, 브라우저에서 스크립트 보기를 통해 눈으로 확인하거나, 스크립트 확인을 도와주는 크롬 확장프로그램 등으로 진행.

▶ **오가닉 유입, 오가닉 전환** : 광고를 제외한 자연 유입을 오가닉 유입, 이를 통한 전환을 오가닉 전환으로 표현. 앱의 경우 iOS 캠페인은 전환 추적이 되지 않아 오가닉 전환 및 유입으로 트래킹이 되며, 웹의 경우 스크립트 설치가 제대로 되지 않은 경우 동일한 현상이 발생할 수 있으므로 유의.

▶ **ATL(Above The Line)** : TV, 신문, 라디오, 잡지 등 매체를 활용하여 광고하는 마케팅. 타겟을 정교하게 타겟팅 할 수 없는 단점이 있으나, 매스미디어라는 공신력을 확보할 수 있는 장점이 있습니다.

▶ **BTL(Below The Line)** : 이벤트, 전시, 팝업스토어 등 매체를 활용하지 않고 광고하는 마케팅. 오프라인에서 다양한 인터랙션이 가능합니다.

▶ **OOH(Out Of Home)** : 옥외광고. 대형 전광판이나 지하철 스크린도어, 엘리베이터 광고 등 옥외광고류를 통칭하여 OOH로 표현.

▶ **IMC(Integrated Marketing Communication)** : 통합 마케팅 커뮤니케이션. BAT에서는 일반적으로 디지털 캠페인과 광고 전개가 통합되는 캠페인을 지칭합니다. 최근에는 IMC를 넘어 IMC에 브랜딩과 퍼포먼스 마케팅이 결합된 통합 캠페인을 목표로 하고 있습니다.

▶ TVC : TV 광고.

▶ **마테크(Mar-Tech)** : 마케팅 테크놀로지. 주로 마케팅 자동화 솔루션 혹은 온사이트 마케팅 솔루션 등을 지칭하나, 때에 따라 기술력이 높은 여러 마케팅 솔루션을 통칭합니다.

▶ **Social Proof(사회적 증거)** : 제품 및 서비스를 사용해도 괜찮은 주변인들의 증언을 의미. 온라인 마케팅에서는 후기, 앰블럼, 1위 소구, 최대 매출 소구, 매스미디어 출현, 등 신뢰도를 높일 수 있는 다양한 방법들을 소셜 프루프라 지칭.

memo